工运史知识1000题

学习强会◎编

中国工人出版社

图书在版编目（CIP）数据

工运史知识1000题 / 学习强会编. -- 北京：中国工人出版社, 2025. 5. -- ISBN 978-7-5008-8151-3

Ⅰ. K261.3-44

中国国家版本馆CIP数据核字第2025DK6780号

工运史知识1000题

出版人	董　宽
责任编辑	赵晨羽　周子欣
责任校对	张　彦
责任印制	栾征宇
出版发行	中国工人出版社
地　址	北京市东城区鼓楼外大街45号　邮编：100120
网　址	http://www.wp-china.com
电　话	（010）62005043（总编室）
	（010）62005039（印制管理中心）
	（010）62382916（工会与劳动关系分社）
发行热线	（010）82029051　62383056
经　销	各地书店
印　刷	北京市密东印刷有限公司
开　本	710毫米×1000毫米　1/16
印　张	14
字　数	150千字
版　次	2025年6月第1版　2025年6月第1次印刷
定　价	38.00元

《工运史知识 1000 题》
编委会

主　编　曹永全

副主编　林　风　李　梅

编　委（按姓氏笔画排序）

王淑红　付　朝　孙新芳　李　明
李泽曦　张瑞华　孟　琳　赵　黎
郭　爽　廖继东

目 录

❖ 单选题

1. 中国工人阶级作为新兴的阶级力量诞生在（　）以后。

A. 第一次鸦片战争　　B. 甲午中日战争

C. 辛丑条约签订　　D. 五四运动

2. 1841 年 5 月，广州工人参加的（　）是中国近代历史上第一次反抗侵略者。

A. 三元里武装抗英斗争　　B. 保路运动

C. 抵制美货　　D. 收回路矿权运动

3. 对甲午战争前后，中国近代产业工人发源地的先后顺序表述正确的是（　）。

①外国资本经营的企业

②官僚资本经营的企业

③帝国主义国家在中国建立的厂矿、铁路企业

④中国商人自办的企业

A. ①②③④　　B. ①②④③

C. ②③④①　　D. ③④①②

4. 中国工人阶级早期的主要组织形式是（　）。

A. 工会　　B. 行帮

C. 政党　　D. 无政府组织

5. 鸦片战争到甲午战争期间是早期工人自发的经济斗争初期。其中，

反对中外反动势力摊派捐税的斗争最早是由（　）工人开展的。

A. 上海　　B. 香港

C. 广州　　D. 厦门

6. 1905 年，在上海掀起的以抵制美货为主要斗争手段的反美爱国运动中态度最坚决、斗争最持久的是（　）。

A. 资产阶级　　B. 学生

C. 工人阶级　　D. 广大市民

7. 1907 年 5 月 14 日，东清铁路（　）的中俄工人在松花江北岸举行群众大会，庆祝“五一”国际劳动节，这是我国第一次纪念“五一”国际劳动节。

A. 佳木斯　　B. 哈尔滨

C. 吉林　　D. 齐齐哈尔

8.（　）前后，中国近代工会开始萌芽。

A. 五四运动　　B. 辛亥革命

C. 甲午战争　　D. 十月革命

9. 1911 年，湘、鄂、粤、川等省人民反对所谓“铁路国有”的保路运动，把反帝爱国运动——收回路矿权运动发展到顶点。其中以（　）保路运动规模最大、最为激烈，成为辛亥革命的直接导火索。

A. 广东　　B. 湖北

C. 湖南　　D. 四川

10. 1912 年 6 月，上海女工代表金贵凤等 36 人发起成立（　），成为中国工人运动史和妇女运动史上的大事件。

A. 上海缫丝女工同人工会　　B. 铁路同人共济会

C. 广州缫丝女工同人工会　　D. 上海翻砂工人组织同义会

11. 俄国十月革命以来，李大钊等革命先驱发表一系列文章，提出知识分子与劳动群众相结合，宣传和组织劳动群众的思想，旗帜鲜明地提出（　）的口号。

A. 劳工光荣　　B. 劳工神圣

C. 保护劳工　　D. 劳动光荣

12. 到五四运动前夕，中国产业工人达到（　）万。

A. 180　　B. 220

C. 260　　D. 300

13.（　）标志着中国工人阶级以独立姿态登上历史舞台。

A. 五四运动　　B. 六三大罢工

C. 辛亥革命　　D. 五卅运动

14. 1919 年 6 月 3 日至 4 日，北洋军阀政府逮捕北京学生 1000 多人，激起了全国学生、工人和各界人民的更大愤怒，形成以（　）为中心，工人阶级为主体的六三政治大罢工。

A. 北京　　B. 上海

C. 济南　　D. 武汉

15. 1920 年秋，上海共产党人李启汉在沪西小沙渡创办了（　），这是全国第一所由共产党早期组织创办的工人学校。

A. 劳动补习学校　　B. 劳工半日学校

C. 劳工学校　　D. 劳动大学堂

16. 1920 年 8 月 15 日，李汉俊、陈独秀创办的（　）问世，是中国共产党发起组面向工人进行马克思主义宣传教育的第一份通俗刊物。

A.《劳动周刊》　　B.《劳动界》

C.《劳动音》　　D.《劳动周报》

17. 1920 年 11 月 21 日，党的早期组织建立的第一个现代工会是（　）。

A. 上海机器工会　　B. 上海印刷工会

C. 上海烟草工人会　　D. 上海浦东纺织工会

18. 1921 年元旦，北京共产党组织派邓中夏到（　）中创办劳动补习学校，以培养一批工人运动骨干。

A. 安源路矿工人　　B. 开滦煤矿工人

C. 长辛店铁路工人　　D. 京汉铁路工人

19.（　）成立于 1921 年 3 月 6 日，是中国第一个按产业联合的工会。

A. 中华海员工业联合总会　　B. 长辛店工人俱乐部

C. 安源路矿工人俱乐部　　D. 上海机器工会

20.（　）成立于 1921 年 5 月 1 日，被称为“北方劳动界的一颗明星”“全国工人运动的一个策源地”。

A. 长辛店工人俱乐部　　B. 上海烟草工人会

C. 上海机器工会　　D. 武汉工团联合会

21. 中国共产党是马克思主义与中国（　）相结合的产物。

A. 工人运动　　B. 农民运动

C. 知识分子运动　　D. 军阀混战格局

22.（　）的建立标志着工人阶级实现了从自在阶级向自为阶级的转变。

A. 中国共产党　　B. 中国国民党

C. 国民政府　　D. 中国劳动组合书记部

23. 中国共产党第一次全国代表大会通过的《中国共产党第一个决议》提出如何把工人组织起来，以及开展工人运动的工作原则，又称为（　）。

A. 中国共产党第一个纲领

B.《工人运动决议案》

C.《八小时工作制案》

D.《关于工会运动与共产党决议案》

24. 1921 年中国共产党成立后，把领导（ ）作为党的主要工作。

A. 学生运动　　B. 农民运动

C. 工人运动　　D. 妇女运动

25. 1921 年 7 月 23 日，中国共产党第一次全国代表大会在（ ）开幕。

A. 北京　　B. 上海

C. 广州　　D. 嘉兴

26. 1921 年 7 月，北京党组织创办的（ ），于同年 10 月成为中共北方区委的党报和中国劳动组合书记部北方分部的机关报。

A.《新青年》　　B.《工人周刊》

C.《劳动者》　　D.《劳动界》

27. 1921 年 8 月 11 日，中国共产党在上海成立第一个公开领导工人运动的总机关（ ），我国工人运动逐步由分散走向联合。

A. 中华全国总工会　　B. 中国劳动协会

C. 中国劳动组合书记部　　D. 共产主义小组

28. 1922 年 1 月 12 日爆发的（ ），是中国共产党成立后第一次全国工人运动高潮的起点。

A. 香港海员大罢工　　B. 开滦煤矿大罢工

C. 长辛店铁路工人大罢工　　D. 京汉铁路大罢工

29. 1922 年 5 月 1 日，安源路矿工人俱乐部成立，选举（ ）为主任。

A. 刘少奇　　B. 李立三

C. 蒋先云　　D. 朱少连

30. 1922 年 5 月，第一次全国劳动大会在（　）召开。

A. 北京　　B. 广州

C. 哈尔滨　　D. 郑州

31. 第一次全国劳动大会确立（　）对全国工人运动的领导地位。

A. 中国共产党　　B. 中国国民党

C. 中国民主同盟　　D. 中国民主建国会

32. 第一次全国劳动大会通过《全国总工会组织原则案》，确立“产业组合”的工会组织原则。该提案的提案人是（　）。

A. 中国劳动组合书记部代表李启汉

B. 京奉铁路工会代表邓培

C. 香港海员工会代表林伟民

D. 长辛店铁路工人俱乐部代表邓重远（邓中夏）

33. 1922 年 7 月 16 日至 23 日，中国共产党第二次全国代表大会在（　）召开。

A. 北京　　B. 上海

C. 天津　　D. 广州

34. 1922 年 7 月，中国共产党第二次全国代表大会审议通过了《关于妇女运动的决议》。根据《决议》要求，中华妇女联合会创办了第一份机关报（　）。

A.《妇女之友》　　B.《妇女周报》

C.《妇女声》　　D.《女星》

35. 1922 年 7 月 23 日成立的（　）是中国第一个地方总工会。

A. 武汉工团联合会　　B. 湖南全省工团联合会

C. 河南全省总工会　　D. 上海总工会

36. 1922 年 8 月，中国劳动组合书记部发布（　），号召全国工人开展劳动立法运动。

A.《八小时工作制案》

B.《劳动法案大纲》

C.《关于工会运动与共产党的决议案》

D.《罢工援助案》

37.（　）年 9 月举行的安源路矿工人罢工，仅经过 5 天就取得完全胜利。

A. 1920　　B. 1921

C. 1922　　D. 1925

38. 安源路矿工人俱乐部创办了中国第一个（　）。

A. 劳工半日学校　　B. 工团事务所

C. 工人学校　　D. 工人消费合作社

39. 在中国第一次工人运动高潮中，北方地区以铁路罢工运动和（　）为主体。

A. 安徽煤矿工人罢工　　B. 开滦煤矿大罢工

C. 安源路矿工人大罢工　　D. 焦作煤矿大罢工

40.（　）是中国工人运动首次蓬勃开展的一年，同时也是中国工会组织广泛发展的一年，这一年被称为“中华劳动运动纪元年”。

A. 1920 年　　B. 1921 年

C. 1922 年　　D. 1923 年

41. 1922 年 12 月，在汉阳成立的（　），是当时我国最大的产业工会。

A. 全国铁路总工会　　B. 汉冶萍总工会

C. 京汉铁路总工会　　D. 粤汉铁路总工会

42. 1923 年 2 月 1 日，京汉铁路总工会成立大会在（　　）举行。

A. 广州　　B. 郑州

C. 武汉　　D. 汉口

43. 1923 年（　　），京汉铁路工人进行全路工人总同盟罢工，这是全国第一次罢工高潮的顶点。

A. 2 月 4 日　　B. 2 月 5 日

C. 2 月 6 日　　D. 2 月 7 日

44. 京汉铁路大罢工中，被杀害的（　　）以律师身份和自己的专业特长为维护工人权益出谋划策，开创工会法律工作的先河。

A. 曾玉良　　B. 葛树贵

C. 施洋　　D. 林祥谦

45. 中国历史上第一次全国性的工人运动高潮时间划分正确的是（　　）。

A. 1922 年 1 月至 1923 年 2 月　　B. 1920 年 1 月至 1921 年 3 月

C. 1923 年 1 月至 1924 年 2 月　　D. 1922 年 7 月至 1923 年 8 月

46. 1923 年 6 月 12 日至 20 日，中国共产党第三次全国代表大会在（　　）召开。

A. 上海　　B. 广州

C. 重庆　　D. 哈尔滨

47. 1923 年 6 月，中国共产党第三次全国代表大会通过的（　　）明确指出“中国目下劳动运动方取守势”，实现了工运方针的转变。

A.《劳动运动决议案》

B.《关于国民运动及国民党问题的决议案》

C.《中国共产党第三次全国代表大会宣言》

D.《劳动法案大纲》

48. 二七惨案发生后，中国劳动组合书记部总部在北京遭到查封，被迫迁往（　）。

A. 上海　　B. 广州

C. 武汉　　D. 天津

49.（　）结束了二七惨案以来工人运动的沉寂，成为工人运动复兴和高涨的起点。

A. 第一次国共合作的实现　　B. 中华全国总工会的成立

C. 五卅运动　　D. 北伐战争

50. 1924 年 2 月 7 日，（　）在北京正式成立。

A. 中华全国铁路总工会　　B. 中共中央铁路职工运动委员会

C. 北京市铁路局工会　　D. 京汉铁路总工会

51. 1924 年 7 月 15 日，广州（　）取得胜利，成为二七罢工失败后，中国工人运动由低潮转向高潮的起点。

A. 香港海员大罢工　　B. 沙面工人大罢工

C. 京汉铁路工人大罢工　　D. 省港大罢工

52. 1924 年 9 月，中国共产党早期工运领袖邓中夏、项英、李立三等创办的（　），是上海工人运动在第一次大革命时期的重要策源地。

A. 南新工人俱乐部　　B. 北京市工人俱乐部

C. 沪西工友俱乐部　　D. 山海关工人俱乐部

53. 1924 年 10 月，（　）在上海创刊，它是中国共产党领导下迄今唯一没有更名，且延续出版了一个世纪的工人读物。

A.《伙友》　　B.《晨钟》

C.《中国工人》　　D.《工人胜利》

54. 1924 年 11 月，孙中山在国共合作的国民政府辖区，颁布中国历史上第一个以政府名义颁布的工会法规——（　）。

A.《劳动法案大纲》　　B.《工会条例》

C.《工人运动法》　　D.《劳工保障条例》

55. 20 世纪初期，中国海员工会在（　）设总工会，在广州、上海、汕头、中山、天津等地设立分会。

A. 上海　　B. 武汉

C. 香港　　D. 澳门

56. 在第一次国共合作期间，国共两党联合开办的（　）成为党培养革命和工运干部的基地。

A. 燕京大学　　B. 上海大学

C. 东吴大学　　D. 清华大学

57. 1925 年 1 月，中国共产党在（　）召开第四次全国代表大会，大会通过《对于职工运动之决议案》。

A. 北京　　B. 上海

C. 广州　　D. 武汉

58. 1925 年 2 月，（　）22 家日资纱厂的近 4 万名工人举行大罢工，史称“二月同盟罢工”。

A. 上海　　B. 北京

C. 武汉　　D. 石家庄

59. 1925 年 2 月至 4 月，（　）日纱厂工人的大罢工，谱写了五卅运动的序曲，迎来席卷全国的工人运动高潮。

A. 济南、青岛　　B. 上海、青岛

C. 大连、长春　　D. 吉林、黑龙江

60. 1925 年 5 月 1 日至 7 日，第二次全国劳动大会在（　）召开，中华全国总工会成立。

A. 北京　　B. 广州

C. 海南　　D. 重庆

61. 第二次全国劳动大会通过（　），标志着第一部中国工会章程的诞生。

A.《中国总工会总章》　　B.《中华全国总工会总章》

C.《中国总工会章程》　　D.《中华全国总工会章程》

62. 第二次全国劳动大会通过的（　）中指出，“倘若不联合农民，革命便难成功，农民要得到自身的解放，也只有与工人联络，才有可能”。

A.《工农联合的决议案》

B.《劳动运动决议案》

C.《劳动法案大纲》

D.《关于工会运动与共产党的决议案》

63. 赤色职工国际是 1921 年 7 月 3 日在莫斯科成立，有 40 多个国家革命职工联合会参加的一个工会国际组织。（　）决定中华全国总工会加入赤色职工国际。

A. 第一次全国劳动大会　　B. 第二次全国劳动大会

C. 第三次全国劳动大会　　D. 第四次全国劳动大会

64. 1925 年 5 月 7 日，中华全国总工会第一届执行委员会第一次全体会议选举（　）为委员长。

A. 林伟民　　B. 苏兆征

C. 项英　　D. 罗登贤

65. 五卅反帝爱国运动的直接导火线是日本资本家枪杀纱厂工人、共产党员（　）。

A. 顾正红　　B. 何秉彝

C. 陈兆长　　D. 陈虞钦

66. 1925 年 6 月 5 日，震惊全国的上海人民“三罢”斗争，即（　）在上海全面开展，使帝国主义者在各个方面都遭到空前沉重的打击。

A. 工人罢工、学生罢课、居民罢市

B. 工厂罢工、学生罢课、农民罢耕

C. 工人罢工、教师罢课、商人罢市

D. 工人罢工、学生罢课、商人罢市

67. 1925 年 6 月，广州、香港爆发省港大罢工，英法帝国主义制造了（　）。

A. 沙基惨案　　B. 南京惨案

C. 二七惨案　　D. 五卅惨案

68. 1925 年 7 月，省港罢工委员会宣告成立，（　）当选为委员长。

A. 苏兆征　　B. 廖仲恺

C. 汪精卫　　D. 李森

69. 1925 年 7 月 8 日，焦作煤矿万余工人为援助上海工人举行大罢工，罢工坚持（　）之久。

A. 7 个月　　B. 8 个月

C. 9 个月　　D. 10 个月

70. 1925 年 8 月，在（　）等人领导下，郑州近代第一所大型工厂豫丰纱厂 5000 余工人举行罢工，由此掀起河南工人运动的高潮。

A. 王若飞　　B. 张虎臣

C. 王长保　　D. 韩玉山

71. 1925 年 9 月 18 日，河南全省总工会在郑州成立，（　）为主任。河南全省总工会成立后，积极开展政治斗争和经济斗争，一度使河南工人运动蓬勃开展，居全国前列。

A. 张昆弟　　B. 赵子健

C. 罗章龙　　D. 游天洋

72. （　）提出要“有组织的去预备武装工人阶级中最勇敢最忠实的分子”“中央委员会之下必须设立军事委员会”，这表明中共中央已开始注意军事问题。

A. 中共三大　　B. 中共四大

C. 中央执行委员会扩大会议　　D. 遵义会议

73. （　），第一次全国海员代表大会在广州召开，改组中华海员工业联合会为中华全国海员总工会，选举苏兆征为委员长。

A. 1925 年 1 月　　B. 1925 年 5 月

C. 1926 年 1 月　　D. 1926 年 5 月

74. 1926 年 5 月 1 日至 12 日，中华全国总工会在（　）召开第三次全国劳动大会。

A. 广州　　B. 长沙

C. 武汉　　D. 上海

75. 刘少奇在第三次全国劳动大会上指出，（　）是中国有史以来反对帝国主义的最大运动，也是中国职工运动自有史以来最高涨的时期。

A. 五卅运动　　B. 五四运动

C. 六三运动　　D. 一二·九运动

76. 1926 年 5 月，中华全国总工会第二届执行委员会第一次全体会议选举产生中华全国总工会新的领导机构，（　）当选委员长。

A. 苏兆征　　B. 项英

C. 刘少奇　　D. 林育南

77. 1926 年 7 月 25 日，中华全国总工会发表（　），以指导北伐战争期间的工人运动。

A.《对国民政府出师北伐宣言》　　B.《全国工人阶级目前行动总纲》

C.《为停止封锁宣言》　　D.《告全体工友书》

78. 1926 年 10 月 23 日，上海工人第一次武装起义失败，上海市总工会执行委员（　）惨遭杀害。

A. 钮永建　　B. 陶静轩

C. 邓国栋　　D. 陈赞贤

79. 1926 年 12 月，湖北开办工人运动讲习所，共产党员（　）任所长。

A. 许之桢　　B. 李立三

C. 董必武　　D. 陈潭秋

80. 1926 年，在中华全国铁路总工会指导下进行活动的有（　）多个铁路工会组织。

A. 40　　B. 60

C. 80　　D. 100

81. 1927 年 1 月，中华全国总工会决定将其机关迁至（　）。

A. 武汉　　B. 北京

C. 上海　　D. 天津

82. 1927 年 2 月 11 日，中华全国总工会在（　）歆生路义成里原华扬旅馆正式对外公开。

A. 武昌　　B. 汉口

C. 静安　　　　　　　　D. 浦东

83. 1927 年 2 月 20 日，中华全国总工会通过（　），适应北伐以来形势发展变化。

A.《告工人书》

B.《全国工人阶级目前行动总纲》

C.《关于现时政局与共产党的主要职任决议案》

D.《经济斗争最近目标与其步骤》

84. 1927 年 1 月 5 日至 2 月 20 日，武汉工人和革命群众开展（　），这是鸦片战争以来中国人民反帝外交斗争史上的一次重大胜利。

A. 京汉铁路工人大罢工　　　　B. 汉阳铁厂大罢工

C. 收回汉口、九江英租界的斗争　D. 汉口租界人力车工人大罢工

85. 1927 年 2 月 22 日，中共上海区委领导上海工人进行（　）。起义失败后，上海总工会于 24 日发出复工命令，要求工人“养精蓄锐，准备更大奋斗”。

A. 第一次武装起义　　　　B. 第二次武装起义

C. 长江海员大罢工　　　　D. 申新九厂大罢工

86. 1927 年 3 月 22 日，上海市民大会在南市新舞台召开，通过工人阶级政治经济总要求二十二条，选举产生（　），这是党领导下最早由民众在大城市建立起来的革命政权。

A. 南京市政府　　　　B. 上海特别市临时市政府

C. 上海工界联合会　　D. 上海工人纠察队

87. 1927 年 4 月 11 日夜，与蒋介石勾结的黄金荣、杜月笙，以邀请赴宴为名，骗杀上海总工会委员长（　）。

A. 邓培　　　　B. 熊雄

C. 汪寿华　　D. 刘尔崧

88. 1927 年 4 月 12 日，蒋介石在（　）发动反革命政变。上海、华东、华南等地区的工人运动被骤然镇压，由高潮转入低潮。

A. 武汉　　B. 南京

C. 上海　　D. 重庆

89.（　）4 月 27 日至 5 月 9 日，中国共产党第五次全国代表大会在武汉召开。

A. 1926 年　　B. 1927 年

C. 1928 年　　D. 1929 年

90. 1927 年 6 月 19 日，第四次全国劳动大会在（　）召开，通过《国民革命的前途和工会的任务》等 13 个决议案。

A. 上海　　B. 汕头

C. 汉口　　D. 安庆

91. 第四次全国劳动大会的中心议题是（　）。

A. 总结上海三次工人运动经验和教训

B. 如何挽救中国革命

C. 如何纠正工人运动的“左”倾错误

D. 探索农村包围城市的革命道路

92. 在南京国民政府建立后，国民党控制下的工会在历史上被称为（　）。

A. 赤色工会　　B. 蓝色工会

C. 黄色工会　　D. 招牌工会

93. 1927 年 7 月 15 日，汪精卫公开叛变革命，封闭（　）、湖北全省总工会和《工人导报》，通缉工会领袖，这标志着轰轰烈烈的大革命完全失败。

A. 全国总工会　　B. 中国劳动协会

C. 京汉铁路工会　　D. 江西全省工会

94. 1927 年 9 月，中华全国总工会机关从武汉秘密迁到（　）。

A. 南京　　B. 济南

C. 郑州　　D. 上海

95. 1927 年 9 月 9 日，毛泽东在湘赣边界领导发动（　）。起义由工人、农民和士兵三部分组成，工人是其中的中坚和骨干力量。

A. 秋收起义　　B. 南昌起义

C. 水口山工人大罢工　　D. 安源大罢工

96. 第一位工人出身的中共中央委员和党的第一任监察委员会主席是（　）。

A. 杨殷　　B. 王荷波

C. 李中　　D. 杨匏安

97. 1928 年 2 月 8 日至 12 日，中华全国总工会在（　）秘密召开第四次全国劳动大会第一次执委扩大会议。会议提出“办小规模的消费事业组织”“参加到工人自发组织中去”等正确意见。

A. 黑龙江　　B. 哈尔滨

C. 莫斯科　　D. 上海

98. 1928 年 6 月 18 日至 7 月 11 日，中国共产党第六次全国代表大会在（　）召开。

A. 黑龙江　　B. 哈尔滨

C. 莫斯科　　D. 柏林

99. 苏区工会是随着农村革命根据地的建立而产生的，早在 1929

年（　）革命根据地建立后，苏区工会就开始组建。

A. 湘鄂边　　B. 井冈山

C. 赣南　　D. 鄂豫皖

100. 中国共产党第六次全国代表大会通过（　），针对之前一些“左”倾的错误做法提出一些正确规定，对中共六大后工人运动的恢复和发展起到一定的作用。

A.《工人运动决议案》

B.《职工运动决议案》

C.《反抗压迫工人工会的宣言》

D.《全国总工会目前总任务决议案》

101. 中共六大后，为了加强对工人运动的领导，中共中央设立以项英为书记的（　），健全全国总工会的组织领导机构。

A. 反帝总同盟　　B. 工人运动会

C. 工人运动委员会　　D. 工会组织

102. 1929 年 2 月 17 日至 20 日，中华全国总工会在上海召开第四次全国劳动大会第二次执委扩大会议，贯彻中共六大和赤色职工国际四大精神，改进（　）。

A. 抗日根据地工会工作　　B. 农村工会工作

C. 城市工农运动　　D. 白区革命工会工作

103. 1929 年 5 月 30 日，上海各区工人和革命群众 3000 余人举行（　）和示威游行。

A. 罢工罢课　　B. 飞行集会

C. 演讲活动　　D. 纪念“五一”国际劳动节

104. 1929 年 11 月 7 日至 11 日，中华全国总工会在上海秘密召开（　）。

A. 第五次全国劳工大会　B. 第五次全国劳动大会

C. 第五次全国人民代表大会　D. 第五次全国劳模代表大会

105. 1929 年 11 月，中华全国总工会第五届执行委员会第一次全体会议选举（　）为委员长。

A. 刘少奇　B. 林育南

C. 项英　D. 罗登贤

106. 1929 年底，（　）正式公布，提出苏区工会工作的根本路线是“发挥无产阶级在农村斗争中的领导作用”，要动员苏区城镇工人和乡村的广大雇农加入工会。

A.《苏维埃区域工会工作大纲》

B.《职工运动决议案》

C.《苏维埃政权组织问题决议案》

D.《土地暂行法》

107. 1930 年 5 月，全国苏维埃区域代表大会在上海秘密召开，通过的（　）是全国苏维埃区域性第一部比较完备的劳动法规。

A.《劳动保护法》

B.《劳动问题》

C.《苏维埃政权组织问题决议案》

D.《职工运动决议案》

108. 1930 年 9 月，中共六届三中全会通过（　），第一次把“苏维埃区域的赤色工会运动”作为一个部分，强调党和全国总工会要派出大批工会干部，到苏区领导工会运动，建立系统的、统一的、集中的产业工会和手工业工会的联合。

A.《苏维埃区域工会工作大纲》

B.《职工运动决议案》

C.《目前政治形势与工会任务决议案》

D.《劳动问题》

109. 1930 年 10 月，中华全国总工会召开常委扩大会议，决定立即选派干部去苏区建立（　）。

A. 全国总工会苏区执行局　　B. 全国总工会苏区中央执行局

C. 苏区工会　　D. 苏区工人师

110. 1930 年 12 月，中华全国总工会制定《苏维埃区域工会工作大纲》。《大纲》规定，（　）要组织产业工会、雇农工会、苦力工会、运输工会、店员工会、手工业工会与地方总工会并行的产业总工会系统。

A. 苏区工会　　B. 陕北工会

C. 华北工会　　D. 西北工会

111. 随着苏区的陆续建立，1930 年底，苏区工会会员总数已经超过（　）人。

A. 5 万　　B. 8 万

C. 10 万　　D. 15 万

112. 1931 年 3 月，（　）在江西省吉安县富田镇正式成立，使分散在各省边界地区的苏区工会运动开始有了统一的组织领导，标志着苏区工会运动开始走上新的发展道路。

A. 中央苏区工会　　B. 全国总工会苏区执行局

C. 中华全国总工会　　D. 中国劳动协会

113. 1931 年 3 月，中共苏区中央局在《关于工会运动与工作路线的通告》中，规定苏区应当按照（　）关系组织工会，每种工会都要有系统的组织。

A. 产业和职业　　B. 产业和行业

C. 工作和行业　　D. 工作和职业

114. 1931 年 7 月，全国总工会苏区执行局迁至中华苏维埃共和国临时中央政府所在地（　）。

A. 瓦窑堡　　B. 瑞金

C. 西安　　D. 延安

115. 1931 年秋，（　）担任中共临时中央职工部部长、中华全国总工会组织部部长。

A. 李启汉　　B. 项英

C. 刘少奇　　D. 李立三

116. 1931 年 11 月，中华苏维埃第一次全国代表大会颁布的（　），是苏区第一个以国家基本法形式颁布的劳动法。

A.《中华苏维埃共和国劳动法》　B.《劳动保护法》

C.《劳动法》　　D.《劳动法案大纲》

117. 1931 年 12 月 20 日，中华苏维埃共和国中央执行委员会通过（　）。

A.《工会临时组织条例》　　B.《工会组织法》

C.《苏维埃区域工会工作大纲》　D.《关于实施劳动法的决议案》

118. 1932 年 4 月，刘少奇在中共中央《红旗周报》上发表（　）一文。文章提出：凡属“以出卖自己劳动力为生活的主要来源”的工人、职员、雇农、苦力，都是阶级工会的会员成分，都应加入工会。

A.《论国家工厂的管理》

B.《苏区阶级工会的会员成分》

C.《加强党对工会工作的领导》

D.《如何对待群众》

119.（　），中华全国总工会苏区中央执行局发起建立苏区反帝总同盟筹备委员会。

A. 1931 年 1 月 1 日　　B. 1931 年 5 月 1 日

C. 1932 年 1 月 1 日　　D. 1932 年 5 月 5 日

120. 1932 年 6 月 23 日，苏区反帝总同盟第一次代表大会在（　）召开，宣告苏区反帝总同盟正式成立，陈昌寿被推选为总同盟主席。

A. 井冈山　　B. 延安

C. 瑞金　　D. 北平

121. 1932 年 9 月，中华全国总工会常委会通过（　），规定苏区工会吸收会员的条件。

A.《关于工会运动与工作路线的报告》

B.《职工会在苏维埃中的任务决议案》

C.《为工会会员问题给苏区工会的信》

D.《苏区工人的经济斗争》

122. 1933 年初，中华全国总工会从（　）迁到（　）。

A. 上海、瑞金　　B. 上海、延安

C. 北京、上海　　D. 上海、北京

123. 1933 年初，中华全国总工会迁入中央苏区后，撤销了原全国总工会苏区执行局，改设全国总工会苏区中央执行局，（　）为委员长。

A. 刘少奇　　B. 陈云

C. 梁广　　D. 蔡树藩

124. 1933 年，全国总工会苏区中央执行局根据中共中央的决定，参与合办党、政、工、团联合中央机关报（　）。

A.《战斗》　　B.《红色中华》

C.《苏区工人》　　D.《新青年》

125. 1933 年 5 月，全国总工会苏区中央执行局和少共中央局联合组建的（　），在各地公演中受到群众的欢迎。

A. 雄风剧团　　B. 蓝衫剧团

C. 太平京剧团　　D. 马连良京剧团

126.（　），由全国总工会苏区中央执行局主持筹建的赫赫有名的红军工人师（中央工农红军中央警卫师）在江西瑞金南郊竹马岗正式成立。

A. 1932 年 5 月 1 日　　B. 1932 年 8 月 1 日

C. 1933 年 5 月 1 日　　D. 1933 年 8 月 1 日

127. 1933 年 10 月 15 日，中华苏维埃共和国临时中央政府公布修正后的（　）。

A.《中华苏维埃共和国劳动法》　B.《集体合同与劳动合同》

C.《劳动问题》　　D.《苏维埃区域工会工作大纲》

128.（　）春，苏区妇女劳动模范代表大会在瑞金叶坪召开，毛泽东亲自为妇女劳动模范颁发奖状和奖品，其中竹笠上印有“劳动模范妇女”字样。这是中国首次以“劳动模范”称谓表彰生产建设中的卓越劳动者。

A. 1932 年　　B. 1933 年

C. 1934 年　　D. 1935 年

129. 1934 年 1 月，中国共产党六届五中全会召开，博古主持会议并作了（　）的报告。

A.《目前的形势与党的任务》

B.《中共中央为援助开滦与美亚工人罢工宣言》

C.《中央通告第九十六号》

D.《中国工人运动史话》

130. 1934年3月底至4月初，刘少奇在《斗争》上连续发表《论国家工厂的管理》和（　）两篇文章，要求在苏维埃国家企业和合作社中的工人、职员，用新的主人翁态度来对待为革命和自己的利益而进行的新的劳动。

A.《中国工人运动之前途》

B.《用新的劳动态度对待新的劳动》

C.《如何对待群众》

D.《关于工会运动与工作路线的通告》

131. 自1934年5月开始，为（　），中央苏区各国营工厂和私营作坊开始加班加点进行生产。

A. 同盟罢工　　B. 保障红军作战

C. 举办工人子弟学校　　D. 建立抗日民族统一战线

132. 1934年10月中旬，中央红军主力开始长征。（　）在援助红军战略转移、参加支持游击战争中都发挥了重要作用，并且把革命火种撒在长征路上，带到了陕北革命根据地。

A. 工会整理委员会　　B. 工人总会

C. 苏区工会　　D. 工会组织统一委员会

133. 1935年1月15日至17日，中共中央在（　）召开政治局扩大会议。在正确路线指导下，党在国民党统治区和农村革命根据地的工人运动的策略方针开始实现转变。

A. 遵义　　B. 瓦窑堡

C. 瑞金　　D. 西安

134. (　　)，中国劳动协会成立，扮演了国民党统治区工会的全国联合组织的角色。

A. 1935 年 2 月　　B. 1936 年 2 月

C. 1937 年 2 月　　D. 1938 年 2 月

135. 1935 年 8 月 1 日，中共驻共产国际代表团草拟了《八一宣言》。宣言指出：中华民族已处于生死存亡的关头，(　　) 是全体中国人面临的首要任务。

A. 抗日救国　　B. 推翻反动军阀

C. 推翻国民党统治　　D. 建立抗日革命根据地

136. 1935 年 10 月，中共陕北特委建立的（　　)，建立了县、区、乡各级工会组织，发展会员万余人。

A. 陕甘宁省工会筹备委员会

B. 晋绥边区总工会

C. 陕甘晋省工会筹备委员会

D. 西北总工会

137. 1935 年 10 月，中共中央政治局在陕甘宁革命根据地吴起镇成立(　　)，刘少奇、刘长胜先后任委员长。

A. 中华全国总工会西北执行局　　B. 中华全国总工会东北执行局

C. 中华全国总工会陕北执行局　　D. 中华全国总工会苏区执行局

138. 一二·九运动爆发后，中华全国总工会于 1935 年 12 月 18 日发出(　　)，号召全国职工不分帮派和党派，一致团结，反对日本帝国主义的侵略，支援学生的爱国运动。

A.《关于国民运动及国民党问题的决议案》

B.《为援助北平学生救国运动告工人书》

C.《上海总工会六一宣言》

D.《告全体工友书》

139. 1936 年 1 月 1 日，朱学范在《申报》上发表题为（　）的文章，指出团结劳工、结成联合战线尤为我国劳工运动当前之急务。

A.《论国家工厂的管理》　B.《工会工作大纲》

C.《中国工人运动之前途》　D.《关于白区的党和群众工作》

140. 1936 年 2 月，陕北省总工会在（　）正式成立。

A. 延安　B. 瓦窑堡

C. 榆林　D. 宜川

141. 从 1936 年 4 月至 1937 年 5 月，刘少奇结合具体工作，先后发表《关于白区职工运动的提纲》等 10 余篇重要著作，系统地提出党在国统区工作的正确方针和基本策略，明确提出党在国统区的工作任务是（　）。

A. 争取群众，积蓄力量　B. 发展生产，繁荣经济

C. 隐蔽精干，长期埋伏　D. 公私兼顾，劳资两利

142. 1936 年，国民党统治区工人运动的恢复在（　）表现得尤为明显。

A. 武汉　B. 广州

C. 上海　D. 北京

143. 1936 年 9 月，中华全国总工会西北执行局在《给省县工会的信》中指出，工会一切斗争的出发点都应当根据和适合（　）的基本要求，一切工作努力都应当为胜利地完成抗日事业而斗争。

A. 抗日统一战线　B. 北伐战争的胜利

C. 反帝反封建斗争　　D. 反对地方军阀

144. 1936 年 11 月 8 日至 27 日，（　）日商纱厂工人罢工，打破了大革命失败后国统区工人运动的局面，对工人运动的恢复和发展具有积极的推动作用。

A. 上海　　B. 天津

C. 郑州　　D. 唐山

145. 1936 年 11 月 17 日至 12 月 14 日，（　）日商纱厂工人举行罢工。

A. 广州　　B. 青岛

C. 武汉　　D. 北京

146. 七七事变后，工人运动转向以（　）的方式进行抗日救亡。

A. 农民运动　　B. 武装斗争

C. 暴力运动　　D. 游击武装

147. 抗战爆发初期，中央曾经大力地为克服工人运动中的（　）而进行斗争。

A. 右倾错误　　B. "左" 倾错误

C. 关门主义　　D. 教条主义

148. 抗日战争爆发后，大批华侨工人抛下家业，回到祖国参加抗战。其中著名华侨领袖（　）领导的"南洋华侨总会"直接发动回国参加抗战的华侨工人达到 7000 多人。

A. 陈嘉庚　　B. 李嘉诚

C. 霍英东　　D. 沈尔七

149. 1937 年 3 月，中华全国总工会西北执行局通过（　），确定按照根据地工业与工人分布的实际状况建立工会组织的正确原则。

A.《中国劳工运动之前途》

B.《关于改善目前工会工作的决议》

C.《关于白区工作中的一些问题》

D.《论反对日本帝国主义的策略》

150. 1937 年 5 月 17 日至 6 月 10 日，党的白区工作会议召开，（　）在会议上作《关于白区的党和群众工作》的报告，明确提出在新的历史时期党在白区的任务。

A. 张闻天　　B. 刘少奇

C. 刘长胜　　D. 陈云

151. 1937 年 6 月 19 日，中华全国总工会西北执行局召开边区干部会议，宣布建立（　）筹备委员会。

A. 陕西总工会　　B. 陕北总工会

C. 陕甘宁边区总工会　　D. 陕甘宁边区执行局

152. 1937 年 7 月 7 日，日本侵略军发动卢沟桥事变，中国的（　）全面爆发。

A. 工人运动　　B. 抗日战争

C. 农民运动　　D. 解放战争

153. 1937 年 8 月 12 日，中国共产党发出（　），其基本内容是工人运动应当以争取抗战胜利为基本原则，由此出发来确定自己的斗争方法和斗争方式。

A.《抗战建国纲领》

B.《为日军进攻卢沟桥通电》

C.《中央关于抗战中地方工作的原则指示》

D.《中国共产党为公布国共合作宣言》

154. 1937 年 10 月 17 日，中国共产党在党内发布（　），要求从事工人运动的共产党员，“不应拒绝参加国民党所包办的、有群众的抗敌后援会”，以便“争取后援会的群众走上积极抗日的道路”，“并利用后援会的合法组织与其中的积极分子，开展群众的救亡运动”。

A.《中国共产党对于时局的主张》

B.《中共关于抗战中地方工作的原则指示》

C.《关于开展全国救亡运动的指示》

D.《武汉市各民众团体战时行动规约》

155. 七七事变后，以（　）工人为主体组成的工人武装自卫队后来发展成为205旅，亦称工卫旅，成为山西新军的一支劲旅。

A. 大同　　B. 太原

C. 晋城　　D. 运城

156. 抗日战争时期，华北地区的工人群众成立了许多支工人抗日武装。节振国领导的（　）在全国树起了一面城市工人武装抗日的光辉旗帜。毛泽东称赞节振国为民族英雄。

A. 山东枣庄铁道游击队　　B. 淄博矿工武装队

C. 河北磁县工人自卫队　　D. 唐山工人特务大队

157. 1938年2月，刘少奇发表（　），对当时党领导的工会工作产生了积极的指导作用。

A.《工会工作大纲》　　B.《职工运动问题》

C.《关于职工运动的策略》　　D.《铁路工人运动工作大纲》

158. 1938年初，在中国劳动协会负责人朱学范的倡议下，以全国邮务工会、中华海员总工会、中国劳动协会等18个工人团体的代表为委员，在（　）成立中国工人抗敌总会筹备委员会。

A. 广州　　B. 重庆

C. 南京　　　　D. 汉口

159. 1938 年春，中国共产党领导（　）举行的五矿同盟大罢工，是敌占区最著名的武装暴动，给日本侵略者“以战养战”策略以极大打击。

A. 开滦煤矿工人　　　　B. 枣庄煤矿工人

C. 大同煤矿工人　　　　D. 抚顺煤矿工人

160. 1938 年 4 月 17 日，陕甘宁边区总工会筹备委员会在（　）召开边区工人第一次代表大会，正式建立陕甘宁边区总工会。

A. 太原　　　　B. 大同

C. 延安　　　　D. 银川

161. 1938 年 4 月，陕甘宁边区总工会执委会第一次全体会议选举（　）为陕甘宁边区总工会主任。

A. 毛齐华　　　　B. 管瑞才

C. 高长久　　　　D. 刘少奇

162. 1938 年广州失守后，由香港海员工人为主体组成的（　）迅速从几十人扩大到 5000 余人，并于 1941 年扩编为“惠宝人民抗日游击纵队”。

A. 海员别动队　　　　B. 海员游击队

C. 船员纵队　　　　D. 中华海员总工会

163. 1938 年 8 月 5 日，湖北汉口《新华日报》印刷厂的职工正式成立工会组织，隶属汉口市印刷职业工会。这是大革命失败后，在（　）首次公开成立的直接由共产党领导的工会。

A. 国民党统治区

B. 共产党领导的抗日民主根据地

C. 日本侵略者占领的地区

D. 中央苏区

164. 1938 年 10 月，中共中央决定筹备建立（　）。

A. 全国邮务总工会　　B. 抗日联合总会

C. 上海市总工会　　D. 中央职工运动委员会

165. 1939 年 2 月，毛泽东在延安生产大会上发出（　）的号召，动员边区军民开展大生产运动。

A. 自力更生、艰苦奋斗　　B. 自己动手、丰衣足食

C. 劳动最光荣　　D. 自给自足、丰衣足食

166. 1939 年 3 月，中国共产党为培养工会干部创办的第一所工会干部学校是（　），张浩任校长，宋侃夫任政治部主任。

A. 延安工人学校　　B. 陕甘宁边区职业学校

C. 华北联合大学　　D. 中国人民抗日红军大学

167. 1939 年 4 月 12 日，中共中央作出（　），规定工人运动必须贯彻与各抗日党派、各抗日团体进行统一战线的方针，解决工人失业、饥饿的问题与改善工人阶级的政治经济文化地位，以增加抗战建国的力量。

A.《论组织民众的几个基本原则》

B.《关于开展职工运动与“五一”工作的决定》

C.《目前政治形势与工会任务决议案》

D.《关于职工运动的经验及转变方式问题》

168. 1939 年 4 月 19 日，（　）在延安正式成立，加强了党对根据地和敌占区工人运动的统一领导。

A. 中央苏区工会　　B. 中央职工运动委员会

C. 中华全国总工会　　D. 重庆市总工会

169. 抗日战争期间，中国职业妇女俱乐部的首任主席（　）积极发动妇女开展劝募义卖活动，为抗击日寇的新四军征募了大批财物。

A. 茅丽瑛　　B. 郭隆真

C. 赵一曼　　D. 杨之华

170. 1939 年 12 月，中国劳动协会第二届年会同意陕甘宁边区总工会加入并成为团体会员，选举边区工会代表（　）为中国劳动协会理事会常务理事。

A. 康生　　B. 陈寿昌

C. 廖似光　　D. 刘少奇

171. 1940 年，中央职工运动委员会改组，由（　）任主任。

A. 刘少奇　　B. 张浩

C. 邓发　　D. 刘长胜

172. 1940 年 2 月 7 日，由中共中央职工运动委员会主办的（　）第二次创刊，并由毛泽东亲自撰写发刊词。

A.《劳动界》　　B.《中国工人》

C.《工人胜利》　　D.《伙友》

173. 1940 年 12 月 3 日，中共中央下达（　），肯定了各根据地广泛发动工人群众参加抗日战争的政策是正确的。

A.《和平宣言》

B.《关于抗战中地方工作的原则指示》

C.《关于各抗日根据地劳动政策的初步指示》

D.《各业工人联合会组织办法》

174. 1941 年 3 月 20 日，中共中央发布（　），从理论上阐述中国工人阶级的历史使命，分析产生错误偏向的社会历史根源，并对一些具体问题做出规定。

A.《劳动政策提纲（草案）》

B.《晋冀鲁豫边区劳动保护暂行条例》

C.《论组织民众的几个基本原则》

D.《加强工商团体管理实施办法》

175. 1941 年 4 月 4 日，中共中央城市工作委员会下达（　　），提出利用合法形式，建立广泛的社会统一战线，争取社会掩护，深入群众之中的策略与方法。

A.《关于改善目前工会工作的决议》

B.《非常时期人民团体组织纲领》

C.《县市总工会简章准则》

D.《关于敌后大城市的群众工作指示》

176. 1942 年 4 月 21 日，中共中央在（　　）中，要求各抗日根据地和工会组织，根据整风运动精神改造各根据地工会工作。

A.《目前政治形势与工会任务决议案》

B.《关于职工运动的经验及转变方式问题》

C.《劳动问题》

D.《关于陕甘区工会工作的决定》

177. 1942 年 4 月 24 日，中共中央发出（　　），指出工会整风中必须首先解决的是正确认识公营工厂生产的性质、工人劳动的性质以及职工会的组织形式和基本任务。

A.《晋察冀豫边区劳动保护暂行条例》

B.《关于抗战中地方工作的原则指示》

C.《对晋东南抗日根据地职工运动的指示》

D.《非常时期工会管制暂行办法》

178. 1942 年 5 月 5 日至 9 日，陕甘宁边区总工会召开边区（　），以整风精神探讨公营工厂的性质和工人运动的性质。

A. 洛川会议

B. 公营工厂工会干部会议

C. 陕甘宁边区高干会议

D. 直属各公营工厂厂长、支部书记和工会主任会议

179. 被毛泽东称为“中国式的斯达汉诺夫”的是（　）。

A. 赵贵　　B. 孙茂松

C. 赵占魁　　D. 兴明

180. 1942 年 12 月，毛泽东在陕甘宁边区高干会议上作（　）的报告，为根据地公营工厂在整风运动中改进生产管理，解决工会工作的方针、任务和党政工三者的关系问题指明方向。

A.《关于职工运动的经验及转变方式问题》

B.《劳动问题》

C.《关于五一节的指示》

D.《经济问题与财政问题》

181. 1943 年 1 月，毛泽东为大生产运动中的劳动英雄干部（　）题词“党的利益在第一位”。

A. 习仲勋　　B. 李顺达

C. 刘建章　　D. 王维舟

182. 1943 年 5 月 1 日，中共中央作出（　），把普遍开展赵占魁运动作为根据地职工运动的基本任务之一。

A.《关于开展赵占魁运动的通知》

B.《向模范工人赵占魁学习》

C.《关于目前各抗日根据地职工运动的决定》

D.《对晋东南抗日根据地职工运动的指示》

183. 1943 年 11 月 26 日至 12 月 16 日，陕甘宁边区第一届劳动英雄与模范生产工作者大会在延安召开，（　）代表劳动英雄献词。

A. 饶民太　　B. 王震

C. 赵占魁　　D. 吴满有

184. 经过整风运动，各抗日根据地党和工会组织逐步确立公营工厂的工会工作要以（　）行政完成生产任务为基本方针和任务。

A. 主导　　B. 支持

C. 配合　　D. 协同

185.（　）是抗战时期晋冀鲁豫边区“新劳动者运动”的一面旗帜，他以 75 秒钟做一发炮弹外圆的纪录，获得“炮弹大王”的称号。

A. 张秋凤　　B. 甄荣典

C. 沈鸿　　D. 刘建章

186.（　）是晋绥边区大生产运动中涌现出来的工人劳动英雄中的一位杰出代表，《抗战日报》称其是“晋西北工人阶级抗日生产的光荣旗帜”。

A. 李林　　B. 张秋凤

C. 吴满有　　D. 甄荣典

187. 1944 年 5 月，（　）召开职工代表大会，号召全体职工争取在两年内达到工业品完全自给，改善产品质量，以此迎接抗战的最后胜利。

A. 抗盟　　B. 陕甘宁边区总工会

C. 中共中央职工运动委员会　　D. 职工大队

188. 1944 年 12 月 22 日，(　　) 召开了第二届劳动英雄和模范生产工作者代表大会，毛泽东在会议期间作《必须学会做经济工作》的讲话。

A. 陕甘宁边区政府　　B. 晋察冀边区政府

C. 晋冀鲁豫边区政府　　D. 山东抗日根据地政府

189. 1945 年 2 月 1 日，中共中央发出（　　），要求各地党组织和职工团体为此做好各项准备工作。

A.《对敌寇最后一战》

B.《学习和时局》

C.《关于成立中国解放区职工联合会的指示》

D.《1945 年的任务》

190. 1945 年 2 月 7 日，《解放日报》为纪念（　　），发表题为《为独立与民主而战，准备成立中国解放区职工联合会》的社论。

A. 香港反汪罢工　　B. 大生产运动

C. 反法西斯战争的最后胜利　　D. 二七斗争 22 周年

191. 1945 年 2 月，重庆发生了工运史上著名的（　　）。这次运动是中共南方局贯彻党中央“隐蔽精干”方针以来直接领导的第一次大规模的群众运动。

A. 胡世合运动　　B. 王孝和事件

C. 反饥饿反迫害反内战运动　　D. 申九惨案

192. 1945 年 4 月 22 日，中国解放区职工联合会筹备会在（　　）成立，由邓发任筹备会主任，崔田夫为副主任，李颉伯为秘书长。

A. 延安　　B. 西柏坡

C. 哈尔滨　　D. 洛川

193. 1945 年 4 月 23 日至 6 月 11 日，中国共产党第七次全国代表大会在（　）举行。

A. 西安　　B. 延安

C. 北京　　D. 重庆

194. 1945 年 9 月，解放区职工联合会筹备会制定（　）。在解放区没有颁布工会法和统一的劳动法令情况下，这是指导解放区工人运动的重要文献。

A.《复原期间后方区民营工厂被裁工人处理办法》

B.《劳动政策纲领》

C.《中国解放区职工联合会纲领（草案）》

D.《收复地区调整工作办法》

195. 1945 年 10 月 4 日，（　）在世界工联第一届代表大会上代表中国工会代表团作发言，向全世界工人阶级宣布战后中国工会的八项主张。

A. 朱学范　　B. 刘宁一

C. 邓发　　D. 董必武

196. 1946 年 3 月，晋察冀边区政府颁布（　），要求各工厂逐步建立工厂管理委员会，实现民主化管理。

A.《关于公营工厂管理委员会条例》

B.《关于健全供应工厂职工会组织的决议》

C.《晋冀豫区军用工业工厂集体合同准则》

D.《关于工资问题的决议》

197. 1946 年 4 月 30 日，（ ）发表题为《解放区职工运动的任务》的社论。

A.《解放日报》　B.《红旗日报》

C.《人民日报》　D.《东北日报》

198. 1946 年，为支援解放战争，哈尔滨机务段的工人们在中国共产党的领导下，开展“死车复活”活动。工人们经过 27 个昼夜的奋战抢修出一台蒸汽机车，这台机车被命名为（ ）。

A. 毛泽东号　B. 周恩来号

C. 刘少奇号　D. 朱德号

199. 1946 年 6 月，解放战争爆发，广大解放区工会发动和组织（ ）运动，促进解放区生产的全面发展，激发群众的劳动积极性和政治热情，也是对抗日根据地开展的赵占魁运动的继续和发展。

A. 增产立功　B. 劳动竞赛

C. 学劳模　D. 大生产

200. 1947 年 2 月 7 日，《解放日报》发表题为《中国工人阶级今天的任务》的社论，号召解放区一切直接与间接参加兵工生产的工人，开展（ ），为多造武器弹药而斗争。

A. 新英雄主义的竞赛　B. 发展生产，保卫边区

C. 增产立功运动　D.“刘伯承工厂”运动

201. 1947 年，晋冀鲁豫军工企业开展的增产立功运动被更名为（ ）运动。

A.“左权工厂”　B.“刘伯承工厂”

C.“邓小平工厂”　D.“彭德怀工厂”

202. 1947 年 12 月，中共中央会议上所作《目前形势和我们的任务》的

报告中，将新民主主义国民经济的指导方针归纳为“发展生产，繁荣经济，公私兼顾，（　）”，这十六字方针是解放区制定劳动政策和劳动法规的根本指导方针。

A. 劳资协同　　B. 劳资两利

C. 劳资平等　　D. 劳资互助

203. 1948 年 2 月 7 日，新华社根据中共中央指示精神发表（　）的社论，强调解放区职工运动的方针，应当严格地符合新民主主义经济政策。

A.《坚持职工运动的正确路线，反对“左”倾冒险主义》

B.《目前形势和我们的任务》

C.《关于清算运动中所发生的偏向给中央的报告》

D.《关于公营企业中职员问题的决定》

204. 1948 年 3 月 5 日，中共中央工作委员会在河北平山县西柏坡村发出（　）。

A.《关于召开全国各解放区工会代表大会给全国各地的指示》

B.《关于开展工人运动的决议》

C.《解放区工会工作纲领》

D.《全国工人运动行动计划》

205. 1948 年 3 月，（　）在哈尔滨召开东北职工工作会议，标志着东北工会工作和工人运动走上正轨。

A. 晋绥边区行署　　B. 中共中央东北局

C. 中华苏维埃共和国中央政府　　D. 苏皖边区政府

206. 1948 年 4 月 30 日，中共中央在（　）中发出“解放区和蒋管区职工联合起来，为建立全国工人的统一组织，为全国工人阶级的解放而斗争”的号召，得到各解放区工会组织和工人群众的热烈响应。

A.《工人运动实施纲要》

B.《纪念“五一”劳动节口号》

C.《声援朱学范先生的呼吁》

D.《目前形势和我们的任务》

207. 1948 年 5 月至 6 月，（　）在石家庄召开，对公营企业经营管理问题、私营工商业中劳资关系问题和土地改革中出现的侵犯民族工商业偏向问题，提出具体解决办法。

A. 张家口市工人代表大会

B. 全国工商联第一届会员代表大会

C. 华北解放区工商业会议

D. 第四次全国统战工作会议

208. 1948 年 8 月 1 日至 22 日，在（　）召开的第六次全国劳动大会，决定恢复中华全国总工会。

A. 长春　　B. 哈尔滨

C. 上海　　D. 莫斯科

209. 第六次全国劳动大会上通过的（　），是周恩来和李富春等领导共同起草，新中国成立前后职工运动的纲领性文件。

A.《关于〈中华全国总工会章程（草案）的报告〉》

B.《关于国统区职工运动的报告》

C.《关于中国职工运动当前任务的决议》

D.《关于中国职工运动当前任务》

210. 在第六次全国劳动大会闭幕式上，朱学范宣布（　）以团体会员资格加入中华全国总工会，标志着重新实现了全国工人阶级的大团结和全国工人运动在组织上的统一。

A. 中华工业协会　　B. 中华工界联合会

C. 广东机器工人维持会　　D. 中国劳动协会

211. 1948 年 8 月 22 日，东北职工总会在（　）正式成立，李立三、张维桢当选为正副主席。

A. 大连　　B. 哈尔滨

C. 抚顺　　D. 长春

212. 1948 年 10 月 10 日，在哈尔滨召开的中华全国总工会第六届执行委员会第一次全体会议选举（　）为中华全国总工会主席。

A. 刘少奇　　B. 李立三

C. 陈云　　D. 朱学范

213. 1949 年 2 月，中华全国总工会迁到（　）。

A. 武汉　　B. 北平

C. 南京　　D. 郑州

214.（　），中华全国总工会在北平府前街 1 号正式办公。

A. 1948 年 12 月 1 日　　B. 1949 年 1 月 1 日

C. 1949 年 3 月 1 日　　D. 1949 年 5 月 1 日

215. 1949 年 3 月，在中共七届二中全会上，毛泽东在报告中提出以恢复和发展生产为中心，全心全意（　）的城市工作方针。

A. 依靠工人阶级　　B. 依靠党的正确领导

C. 依靠工农武装力量　　D. 依靠工人群众

216. 1949 年 3 月 1 日，东北职工总会在沈阳创办（　），接受系统的政治理论、社会科学和工会工作等方面的教育。

A. 东北大学　　B. 东北工人政治大学

C. 华北职工干部学校　　D. 沈阳职工大学

217. 1949 年 5 月 2 日至 12 日，中华全国总工会在（　）召开华北第一届职工代表会议。会议的主要议题是“动员华北全体职工恢复与发展工业生产，同时帮助农民改进技术，提高农业生产，支援解放军南下，迅速夺取全国胜利”。

A. 天津　　B. 北平

C. 石家庄　　D. 保定

218. 1949 年 5 月，包括陕甘宁边区总工会、晋西北、晋南和西北兵工部四个总工会的（　）筹备委员会成立。

A. 陕北总工会　　B. 西北总工会

C. 华北总工会　　D. 东北总工会

219. 1949 年 6 月，全国总工会在北平召开常委扩大会议，推选（　）为中华全国总工会名誉主席。

A. 刘少奇　　B. 赖若愚

C. 朱学范　　D. 李立三

220. 1949 年 6 月 30 日，毛泽东发表（　），指出我们所要建立的新中国，只能是工人阶级（经过共产党）领导的以工农联盟为基础的人民民主专政。

A.《反对本本主义》

B.《论人民民主专政》

C.《人的正确思想是从哪里来的？》

D.《人民解放军占领南京》

221. 被誉为“中国的保尔”的是新四军军部修械所工厂兵工英雄（　）。

A. 吴运铎　　B. 范永荣

C. 刘鼎　　D. 刘建章

222. 1949 年 7 月 15 日，中华全国总工会在北平创办机关报（　），实现对全国已解放地区工人运动的统一宣传和指导。

A.《中国工运》　　B.《工人日报》

C.《劳动午报》　　D.《工会信息》

223. 工人出版社创建于 1949 年 7 月 15 日，出版的第一本书为毛泽东的（　）。

A.《论人民民主专政》　　B.《论联合政府》

C.《论十大关系》　　D.《新民主主义论》

224. 1949 年 7 月 23 日至 8 月 16 日，全国工会工作会议在（　）举行。毛泽东发表重要讲话，进一步阐明工会组织建设中团结大多数的思想，提出党政工共同搞好生产的根本任务，成为当时和新中国工会的指导思想。

A. 北平　　B. 延安

C. 庐山　　D. 西柏坡

225. 1949 年 9 月，经中共中央批准，将（　）改建为中华全国总工会干部学校，李立三兼任校长。

A. 华北职工干部学校　　B. 延安工人学校

C. 中共中央东北局　　D. 中共中央华北局

226. 1949 年 10 月，中华全国总工会召开文教工作者座谈会，明确提出文教工作者（即知识分子的主体）是（　）一部分的思想。

A. 工人阶级　　B. 农民阶级

C. 资产阶级　　D. 小资产阶级

227. 1949 年 10 月，中华全国总工会召开常委扩大会议，着重研究（ ）问题。

A. 建立产业工会

B. 颁布实施《中华人民共和国工会法》

C. 突破“贫困陷阱”

D. 教育工人

228. 1949 年 11 月，中国劳动协会在北京召开全国代表会议，决定结束其组织，实现了全国工运在（ ）上的完全统一。

A. 形式　　B. 机构

C. 组织　　D. 行动

229. 1949 年 11 月，世界工联在北京召开（ ），这是新中国成立后首次在中国举行的工会国际会议。

A. 亚洲工会代表会议

B. 澳洲工会代表会议

C. 亚洲、澳洲工会代表会议

D. 亚洲、非洲、拉丁美洲工会代表会议

230. 1949 年 11 月 22 日，中华全国总工会颁布《关于私营工商企业劳资双方（ ）的暂行办法》。

A. 订立劳动合同　　B. 订立集体合同

C. 开展集体协商　　D. 建立三方机制

231. 1949 年 12 月，中华全国总工会向全国各地工会发出《关于在最近半年内（ ）的通知》，要求各地方工会组织把铁路、邮电、海员、纺织、燃料等产业工会迅速建立起来，为统一生产发挥作用。

A. 巩固工农联盟　　B. 召开劳动模范座谈会

C. 建立十个产业总工会　　D. 建立十个地方总工会

232. 1949 年，沈阳机床三厂车工（　）改造铣刀，用车铣结合操作法，多次创造车塔轮的全国纪录。中共中央东北局、东北人民政府、东北总工会号召全体职工向他学习，开展“新纪录运动”，使工业生产率大幅度提高。

A. 赵国有　　B. 孟泰

C. 马恒昌　　D. 李锡奎

233.（　），政务院批准公布中国纺织工会全国代表会议通过的《关于废除搜身制度的决议》。

A. 1949 年 10 月　　B. 1950 年 1 月

C. 1951 年 1 月　　D. 1952 年 1 月

234. 1950 年 2 月，政务院财政经济委员会发出《关于国营、公营工厂企业建立工厂管理委员会的指示》，强调改革国营、公营工厂企业中官僚资本统治时代遗留下来的各种不合理制度，进行（　）的重要性。

A. 企业管理现代化　　B. 企业管理规范化

C. 企业管理民主化　　D. 企业管理法制化

235. 1950 年 2 月，中华全国总工会决定（　）杂志复刊，并交由工人出版社出版。

A.《中国工人》　　B.《中国工运》

C.《学文化》　　D.《工人》

236. 1950 年初，政务院开始在全国职工群众中开展（　）运动。

A. 生产节约　　B. 清仓查库和献纳器材

C. 开源节流　　D. 劳动竞赛

237. 1950年，鞍山钢铁公司炼铁厂职工（　），带领工友们夜以继日收集献纳器材，建立起闻名全国的“（　）仓库”，为恢复和发展鞍钢生产作出巨大贡献。

A. 赵国友　　B. 孟泰

C. 苏长有　　D. 李锡奎

238. 1950年4月5日，中华全国总工会在北京召开（　）。

A. 全国工农教育会议　　B. 纺织行业劳动竞赛

C. 全国工会组织工作会议　　D. 全国财政会议

239. 1950年4月，中华全国总工会在北京召开第一次（　），集中研究解决职工教育的方针、组织、学制、教员、教材、教学时间、教育法及经费等问题。

A. 全国职工业余教育会议　　B. 全国职工教育会议

C. 教育学历教育会议　　D. 教育工会建设会议

240. 1950年5月，中华全国总工会召开工会生产工作会议，专门研究基层工会组织（　）活动的问题。

A. 技术大练兵

B. 抓革命，促生产

C. 劳动竞赛和开展群众性合理化建议

D. 生产节约

241. 1950年6月召开的中共七届三中全会提出，努力恢复和发展生产是工人阶级的（　），也是工会工作最基本的任务。

A. 最高利益　　B. 最高权利

C. 首要任务　　D. 根本任务

242. 1950年6月，政务院发布《关于开展职工业余教育的指示》，指出教育的内容以（　）为重点。

A. 技能培训　　B. 识字

C. 提高政治觉悟　　D. 加强主人翁意识

243.（　），毛泽东发布中央人民政府命令，颁布新中国第一部《工会法》。

A. 1950 年 6 月 29 日　　B. 1951 年 6 月 1 日

C. 1952 年 5 月 1 日　　D. 1953 年 6 月 29 日

244. 1950 年 7 月，中共中央中南局第三书记邓子恢在中南总工会筹委扩大会议上作的（　），引起新中国成立后工运理论的第一次争论。

A.《公营企业工会工作中的公私兼顾问题》

B.《论公营工厂中行政与工会立场的一致性》

C.《国营工厂内部的矛盾和工会工作的基本任务》

D.《关于中南区的工会工作报告》

245. 1950 年 7 月，刘少奇在《国营工厂内部的矛盾和工会工作的基本任务》一文中指出“如果工会脱离了（　）这个基本任务，那么他们就会脱离工会，甚至另寻办法去保护他们的利益”。

A. 保护工人利益　　B. 组织工人阶级

C. 解决职工和行政的关系　　D. 发展经济

246. 1950 年 7 月，李立三在（　）中指出，新中国成立后工人阶级与人民政权的根本利益是完全一致的，在公营企业中，没有阶级对立，行政和工人都是工人阶级。

A.《公营企业工会工作中的公私兼顾问题》

B.《国营工厂内部的矛盾和工会工作的基本任务》

C.《关于东北区的工会工作》

D.《关于中南区的工会工作》

247. 1950 年 8 月，中国教育工会第一次全国代表大会在北京召开，宣告中国教育工会委员会正式成立，（ ）当选为主席。

A. 吴玉章　　B. 郭沫若

C. 老舍　　D. 巴金

248. 1950 年 8 月，政务院颁布（ ），推动劳动竞赛的开展。

A.《关于开展先进生产者运动的决定》

B.《关于把劳动竞赛向前推进一步的决定》

C.《关于奖励有关生产发明、技术改进及合理化建议的决定》

D.《关于开展以机械化和半机械化为中心的技术革新和技术革命运动的决定》

249. 1950 年 8 月，中华全国总工会召开全国工会俱乐部工作会议，制定（ ）。会议提出，城市除搞一些较大的文化宫、俱乐部外，还应以建设工厂、车间俱乐部为重点，便于发挥企业的积极性。

A.《工会俱乐部组织条例》　　B.《工会俱乐部工作条例》

C.《工人文化宫组织条例》　　D.《工人俱乐部工作条例》

250.（ ），中共中央和中央人民政府在北京召开新中国第一次战斗英雄代表和全国工农兵劳动模范代表会议。毛泽东代表中共中央致辞，称赞劳动模范“是推动各方面人民事业胜利前进的骨干，是人民政府的可靠支柱和人民政府联系广大群众的桥梁”。

A. 1950 年 5 月 1 日　　B. 1950 年 9 月 25 日

C. 1951 年 5 月 1 日　　D. 1951 年 9 月 25 日

251.（ ），中华全国总工会发表宣言，遣责帝国主义对朝鲜的侵略，号召全国工人阶级开展抗美援朝、保家卫国运动。

A. 1950 年 10 月 19 日　　B. 1950 年 11 月 6 日

C. 1951 年 1 月 1 日　　D. 1951 年 5 月 1 日

252. 1950 年 11 月 28 日，(　　) 在北京举行劳资协商会议，推动私营企业新型劳资关系的建立。

A. 上海商业储蓄银行　　B. 中国银行

C. 上海闸北水电公司　　D. 章华毛纺公司

253. (　　)，中华全国总工会召开第一次全国工会女职工工作会议。

A. 1949 年　　B. 1950 年

C. 1952 年　　D. 1978 年

254. 1951 年 2 月，政务院通过的 (　　) 明确规定，中华全国总工会为全国劳动保险事业的最高领导机关，统筹全国劳动保险事业。

A.《工资条例说明书》　　B.《劳动保险条例》

C.《劳动保障条例》　　D.《工会法》

255. 1951 年 2 月，中华全国总工会作出在全国范围内开展 (　　) 小组竞赛运动的决定。

A. 马恒昌　　B. 赵国有

C. 苏长有　　D. 李锡奎

256. 1951 年 10 月 15 日，纺织工业部根据中国纺织工会全国委员会的决定，发出在全国纺织系统普遍推广“(　　) 工作法”的指示。

A. 梁军　　B. 赵桂兰

C. 田桂英　　D. 郝建秀

257. 1952 年 1 月，政务院公布 (　　)，设立企业奖励制度。

A.《私营企业提用企业奖励基金暂行办法》

B.《关于奖励制度问题的调查报告》

C.《全总党组关于奖励制度问题的调查报告》

D.《国营企业提用企业奖励基金暂行办法》

258.（ ），中华全国总工会的机关刊物《中国工运》正式创刊，李富春撰写发刊词。

A. 1951 年 5 月 1 日　　B. 1951 年 7 月 25 日

C. 1952 年 5 月 1 日　　D. 1952 年 7 月 25 日

259. 1952 年 11 月 20 日至 12 月 2 日，中华全国总工会在北京召开全国工会基层工作会议，赖若愚作题为（ ）的总结报告。

A.《怎样做好基层工会工作》

B.《怎样推广和贯彻五三工厂的经验》

C.《努力做好工会基层工作，迎接国家大规模经济建设》

D.《恢复与发展生产》

260. 1952 年，中共中央发动工人阶级开展（ ）运动，极大地推动对私营工商业的社会主义改造。

A.“三反”　　B. 打击投机倒把

C.“五反”　　D. 打击反革命

261. 1952 年 12 月，（ ）和中华全国总工会联合召开国营企业工资工作会议，拉开全国第一次工资改革的序幕。

A. 中央财经委员会　　B. 劳动部

C. 国有资产改革委员会　　D. 国务院

262. 1952 年 12 月 27 日，中共中央批转全国总工会党组报送的《关于工会基层工作会议的总结报告》，指出（ ）是完全成功的经验，应予推广。

A. 以工代学　　B. 学徒培训

C. 五三工厂经验　　D. 沈阳机床三厂经验

263. (　　)，全国总工会六届三次执委会议决定将“第七次全国劳动大会”改名为“中国工会第七次全国代表大会”。

A. 1952 年 4 月　　B. 1953 年 4 月

C. 1954 年 4 月　　D. 1955 年 4 月

264. (　　)，中国工会第七次全国代表大会在北京隆重召开，这是新中国成立以后工人阶级的首次盛会。

A. 1953 年 5 月 1 日至 10 日　　B. 1954 年 5 月 2 日至 12 日

C. 1955 年 12 月 1 日至 10 日　　D. 1956 年 10 月 9 日至 13 日

265. 1953 年 5 月，中华全国总工会第七届执行委员会第一次全体会议选举刘少奇为全国总工会名誉主席，(　　) 为主席。

A. 赖若愚　　B. 朱学范

C. 刘宁一　　D. 李立三

266. 中国工会第七次全国代表大会报告提出，工会组织搞好生产的基本方法是逐步地引导群众（　　)。

A. 提高政治觉悟　　B. 加强技能学习

C. 提升文化素质　　D. 进行劳动竞赛

267. 1953 年 8 月 ，全国总工会召开七届二次主席团会议，通过（　　)，为动员工人群众参与资本主义工商业改造、开展工会工作指明方向。

A.《关于加强私营商业中店员工会工作的报告》

B.《公私合营企业工会组织的当前任务》

C.《对资本主义工商业进行社会主义改造的意见》

D.《关于加强资本主义工业中的工会工作的指示》

268. 1953 年 9 月 6 日，《人民日报》发表题为（　）的社论，向工人阶级发出开展增产节约的社会主义劳动竞赛的号召。

A.《开展劳动竞赛，保证国家建设事业的胜利》

B.《把劳动竞赛向前推进一步》

C.《增加生产，增加收入，厉行节约，紧缩开支，超额完成国家计划》

D.《关于进一步开展增产节约劳动竞赛，保证全面地完成国家计划》

269. 1953 年 9 月 15 日，中华全国总工会发出（　），动员和组织职工超额完成国家下达的生产任务。

A.《关于开展先进生产者运动的决议》

B.《关于积极领导先进生产者运动的通知》

C.《关于进一步开展增产节约劳动竞赛，保证全面地完成国家计划的紧急通知》

D.《关于动员职工支援农业合作化和农业生产的决议》

270. 1953 年 10 月，世界工联在维也纳举行第三次代表大会，（　）当选为世界工联副主席。

A. 刘宁一　　B. 朱学范

C. 赖若愚　　D. 康永和

271. 1953 年 11 月，中华全国总工会发出（　）。各级工会在总路线的宣传教育中，着重进行工人阶级肩负责任和加强工农联盟的教育。

A.《为完成国家工业建设的任务而奋斗》

B.《国营工厂内部的矛盾和工会工作的基本任务》

C.《关于学习、宣传与贯彻过渡时期总路线的指示》

D.《关于在全国范围内开展技术革新运动的建议书》

272. 1953 年，政务院第 156 次会议通过（　），进一步扩大了劳动保险的实施范围。

A.《中华人民共和国劳动保险条例若干修正的决定》

B.《国家机关工作人员的公费医疗待遇的规定》

C.《中华人民共和国劳动保险条例》

D.《实行劳动保险准备工作的指示》

273. 1954 年 1 月，中华全国总工会发出《关于开展厂矿企业中职工体育运动的指示》，要求各地企业充分利用现有体育场所设备，组织职工开展各种体育活动和普遍推行（　）活动。

A. 体育比赛　　B. 工间操

C. 职工篮球　　D. 职工文艺

274. 1954 年 2 月，劳动部和全国总工会决定把劳动保险事业归（　）统一管理，中央人民政府劳动部为全国劳动保险业务的最高监督机关。

A. 工会　　B. 财政部

C. 企业行政　　D. 劳动部

275. 1954 年 3 月，中华全国总工会召开（　）座谈会，针对过渡时期总路线公布后，私营企业出现的新情况和新问题，规定工会工作的方针任务。

A. 全国建筑工人调配

B. 全国私营企业工会工作

C. 全国职工业余教育会议和全国工农兵速成中学教育

D. 全国先进生产者代表

276. 1954 年 4 月 14 日，（　）在北京劳动人民文化宫举办，连续展出三个月，推动群众性技术革新运动在全国的开展。

A. 交通工业技术革新展览会　　B. 鞍钢技术革新展览会

C. 重工业技术革新展览会　　D. 纺织工业技术革新展览会

277. 1954 年 5 月 27 日，《工人日报》发表题为（　）的社论。由此，劳动竞赛和技术革新运动在全国范围内广泛展开。

A.《开展劳动竞赛，保证国家建设事业的胜利》

B.《把劳动竞赛向前推进一步》

C.《关于进一步开展增产节约劳动竞赛，保证全面地完成国家计划》

D.《积极开展技术革新运动，保证完成国家计划》

278. "一五"计划期间，鞍钢机械总厂青年工人（　）创造的"万能工具胎"，成为全国最先完成第一个五年计划的一线工人，被誉为"走在时间前面的人"。

A. 王崇伦　　B. 孟泰

C. 赵国有　　D. 沈鸿

279. 北京永定机械厂青年工人（　），从 1953 年到 1956 年一直锐意创新，研制出"（　）钻头"，在工业生产中，得到很好的推广和应用。

A. 倪志福　　B. 徐舜寿

C. 马恒昌　　D. 梁军

280. 统一的工人招收和调配制度最早是在（　）开始实施，确保了大规模基本建设时期建筑部门对工人的需求，为顺利完成"一五"计划目标作出了贡献。

A. 交通运输业　　B. 建筑业

C. 钢铁业　　D. 纺织业

281. 1954 年，赖若愚在《如何对待群众》中强调，(　　) 是工会工作中一个根本问题。

A. 如何组织群众　　B. 如何教育群众

C. 如何联系群众　　D. 如何对待群众

282. (　　) 9 月，中华人民共和国第一届全国人民代表大会通过《中华人民共和国宪法》，明确我国是工人阶级领导的，以工农联盟为基础的人民民主国家，我国的一切权利属于人民。

A. 1952 年　　B. 1953 年

C. 1954 年　　D. 1955 年

283. 1954 年 10 月，中华全国总工会发出《关于向职工群众广泛宣传 (　　) 的通知》。

A.〈中华人民共和国劳动法〉　　B. 公私合营企业当前的任务

C.〈中华人民共和国宪法〉　　D. 关于加强积极分子工作的决定

284. 1955 年 4 月 26 日，中共中央批转中华全国总工会党组报送的 (　　)。要求各级单位和各级工会组织，中央各工业部门，中央劳动部认真加强和改进劳动保护工作。

A.《工厂安全卫生规程》

B.《全总党组关于几年来全国伤亡事故简况报告》

C.《建筑安装工程安全技术规程》

D.《工人职员伤亡事故报告规程》

285. 1955 年下半年，全国总工会和各级工会领导机关组织力量，对资本主义商业改造问题进行调查研究，并在此基础上向中共中央报送 (　　)。

A.《关于加强私营商业中店员工会工作的报告》

B.《公私合营企业工会组织工作的报告》

C.《对资本主义工商业进行社会主义改造的意见》

D.《关于加强资本主义工业中的工会工作的报告》

286. 为改善工会思想作风，密切工会与群众的联系，1955 年 8 月，全国总工会七届三次执委会通过（ ）。

A.《关于加强工会群众工作的决定》

B.《关于加强积极分子工作的决定》

C.《关于改善工会思想作风的决定》

D.《关于加强工会同群众关系的决定》

287. 1955 年 9 月 10 日，《人民日报》社论发表由（ ）主持起草的《加强党对工会工作的领导》，系统阐述党对工会工作领导的内涵和要求，清除许多模糊观念。

A. 李立三　　B. 赖若愚

C. 刘宁一　　D. 陈云

288. 1955 年 10 月 2 日，中华全国总工会在（ ）举办第一届全国工人体育运动大会，贺龙代表中共中央、国务院向大会祝词。

A. 北京　　B. 上海

C. 广州　　D. 天津

289.（ ）以后，工人的统一招收和调配制度开始从建筑业扩大到工矿企业和交通运输等各个部门。

A. 1954 年　　B. 1955 年

C. 1956 年　　D. 1957 年

290.（ ），全国总工会七届四次会议通过《关于动员职工支援农业合作化和农业生产的决议》，号召全国职工积极行动起来，支援农业合作化。

A. 1955 年 1 月　　B. 1956 年 1 月

C. 1957 年 1 月　　D. 1958 年 1 月

291. 1956 年 2 月，中华全国总工会七届十次主席团会议通过（　），对开展先进生产者运动提出具体意见。

A.《关于继续推动劳动竞赛的决议》

B.《关于把劳动竞赛向前推进一步的决议》

C.《关于开展先进工作者运动的决议》

D.《关于积极开展技术革新运动，保证完成国家计划的决议》

292. 1956 年 2 月，全国总工会会同教育部再次召开全国职工业余教育会议，并决定将全国职工业余教育由工会移交给（　）。

A. 成人高校　　B. 政府教育部门及企业行政

C. 社会　　D. 专业培训机构

293.（　），全国先进工作者代表会议在北京召开，标志着先进生产者运动已经成为一个全国性的广泛的群众性运动。

A. 1954 年 4 月 30 日　　B. 1955 年 4 月 30 日

C. 1956 年 4 月 30 日　　D. 1957 年 5 月 1 日

294.（　），全国总工会和国务院财经委员会共同拟定全国工资改革方案。这是新中国成立后第一次全国性的重大改革，奠定了中国工资制度的基础。

A. 1954 年　　B. 1955 年

C. 1956 年　　D. 1957 年

295. 1956 年 7 月 6 日，中华全国总工会发出通知，要求各级工会教育和发动职工，监督企业正确执行（　）的各项规定。

A. 劳动保险　　B. 工资改革

C. 企业奖励制度　　D. 职工文化体育

296. 中国共产党第八次全国代表大会于（　）在北京举行。

A. 1955 年 8 月 1 日至 10 日　　B. 1956 年 9 月 15 日至 27 日

C. 1957 年 9 月 3 日至 15 日　　D. 1958 年 10 月 9 日至 26 日

297. 1956 年 11 月，中华全国总工会召开（　），对工会在公私合营企业中发挥监督管理作用、维护工人的权益起到重要作用。

A. 全国基层工会工作会议

B. 全国工会组织工作会议

C. 全国公私合营企业工会基层工作会议

D. 全国基层工会宣传工作会议

298. 刘少奇在向中国共产党第八次全国代表大会所作的政治报告中，就加强党对工会组织的领导和工会组织如何在（　）中发挥作用问题作了深刻阐述。

A. 新民主主义革命　　B. 恢复经济和创建新政权

C. 社会主义建设　　D. 建立社会主义市场经济体制

299. 在中国共产党第八次全国代表大会上，（　）作题为《进一步发挥工会组织在社会主义建设中的作用》的发言，集中就社会主义时期工会的地位、作用、任务、工会与群众、工会与党和行政的关系，以及工会对国家机关和经济文化机关的监督等问题，阐述基本观点和看法。

A. 赖若愚　　B. 刘长胜

C. 许之桢　　D. 陈少敏

300. “一五”期间，以（　）为代表的机械制造专家，带领广大职工试验成功中国第一台万吨水压机。

A. 沈鸿　　B. 徐舜寿

C. 陆孝彭　　D. 钱三强

301. “一五”计划期间，鞍钢小型轧钢厂工人（　）研制出轧机“反围盘”自动煨钢装置，掀起全国群众性技术革新运动。

A. 张明山　　B. 王崇伦

C. 赵国有　　D. 孟泰

302. 到 1957 年，省、市工会举办的职工养老院约有（　）个，拥有床位（　）多张。

A. 100，5200　　B. 150，5800

C. 170，6200　　D. 200，6500

303. 自（　）起，我国进入全面建设社会主义时期，中国工人阶级和工会面临的任务和使命就是全面展开社会主义建设，努力建设社会主义现代化强国。

A. 1949 年　　B. 1957 年

C. 1966 年　　D. 1978 年

304.（　），《工人日报》发表《响应党的增产节约运动的号召，继续开展先进生产者运动——迎接 1957 年》的社论，要求全国职工以更大的热情进行创造性劳动，努力争取提前超额完成第一个五年计划，迎接第二个五年计划的到来。

A. 1956 年元旦　　B. 1956 年 10 月

C. 1956 年 12 月　　D. 1957 年元旦

305. 1957 年 3 月，中华全国总工会召开七届五次执委扩大会议，赖若愚作（　）的报告，指出处理人民内部矛盾问题是社会主义建设中的一个根本问题。

A.《进一步发挥工会组织在社会主义建设中的作用》

B.《工会在实行企业民主管理中的作用问题》

C.《关于当前工会工作的若干问题》

D.《工会与党和行政的关系》

306. 1957 年 4 月 7 日，中共中央发出（　），着重阐述如何调动工人阶级的积极性，充分发挥工人阶级在国家政治经济生活中的积极作用。

A.《中共中央关于整顿农业生产合作社的指示》

B.《中国共产党对于时局的主张》

C.《关于成立十五人专门委员会的决定》

D.《中共中央关于研究有关工人阶级的几个重要问题的通知》

307. 1957 年 6 月 13 日，中华全国总工会登山队史占春、刘连满、刘大义等 6 人登上（　）。

A. 贡嘎山主峰　　B. 珠穆朗玛峰

C. 乔戈里峰　　D. 洛子峰

308. 1957 年 8 月 21 日至 9 月 3 日，中华全国总工会在北京召开（　）会议。这是中国工会第一次召开的群众性的工会工作经验交流和总结表彰的会议。

A. 全国先进工作者代表　　B. 全国工会积极分子代表

C. 全国工会工作交流　　D. 全国工会先进分子代表

309. 1957 年 9 月，中华全国总工会在北京召开全国工会代表会议，开始工矿企业的（　）运动。

A. 职工群众思想教育　　B. 职工群众政治教育

C. 整风和社会主义教育　　D. 职工群众阶级斗争教育

310. 1957年，以（　）为团长的中国工会代表团出访苏联，受到苏联政府代表的热烈欢迎。

A. 赖若愚　　B. 李立三

C. 朱学范　　D. 刘宁一

311.（　），国营企业开始实行常任制的职工代表大会制度。

A. 1956年　　B. 1957年

C. 1958年　　D. 1959年

312.（　），中国工会第八次全国代表大会在北京举行。

A. 1956年9月1日至12日　　B. 1957年12月2日至12日

C. 1958年10月2日至12日　　D. 1959年5月2日至12日

313. 全总八届执委会第一次会议选举（　）为主席。

A. 刘长胜　　B. 朱学范

C. 赖若愚　　D. 李立三

314. 1958年2月，教育部、全国总工会、共青团中央、全国妇联、全国扫除文盲协会等单位在北京召开（　）先进单位代表会议。

A. 扫盲　　B. 职工业余教育

C. 改善职工生活　　D. 提高职工文化

315. 1958年3月22日，中共中央政治局扩大会议在成都召开，通过（　）。

A.《告全国职工书》

B.《关于中国工会工作的报告》

C.《中共中央关于工会组织问题的意见》

D.《关于财务工作的报告》

316. 1958 年 8 月，中华全国总工会八届二次执委会议选举（　）为主席。

A. 刘宁一　　B. 李颉伯

C. 张维桢　　D. 栗再温

317. 1958 年 9 月 24 日，中华全国总工会在全总机关内部整风总结会上，正式提出（　）的口号。

A.“为实现共产主义而奋斗”　　B.“为人民公社而奋斗”

C.“为工会的消亡而奋斗”　　D.“为社会主义而奋斗”

318. 1958 年 11 月，中共中央（　）会议提出取消县级工会的问题。

A. 郑州　　B. 武汉

C. 上海　　D. 天津

319. 西北国棉一厂细纱值车女工、全国先进生产者（　），先后帮助 12 个落后女工变为先进，掀起群众性的先进帮后进的热潮。

A. 田桂英　　B. 史瑞芬

C. 赵梦桃　　D. 郝建秀

320. 1959 年春，（　）港口和铁路车站的职工创造出“一条龙”运输大协作的经验，大大提高运输能力和效率。

A. 大连　　B. 秦皇岛

C. 青岛　　D. 天津

321. 1959 年 8 月，中国共产党八届八中全会作出（　），指出目前全党和全国人民的中心任务，就是为完成和超额完成 1959 年的生产和建设计划而斗争。

A.《关于开展增产节约运动的决议》

B.《关于工会在组织增产节约运动中若干经验纪要》

C.《关于技术革命大丰收》

D.《全国总工会党组关于当前技术革新、技术革命情况的报告》

322. 1959 年 10 月 26 日至 11 月 8 日，中共中央、国务院在北京召开（　）。

A. 全国工业、交通运输、基本建设、财贸等方面社会主义建设先进集体和先进生产者代表会议

B. 全国技术革新、技术革命现场会

C. 全国先进集体和先进个人表彰大会

D. 全国教育和文化、卫生、体育、新闻方面社会主义建设先进单位和先进工作者代表会议

323. 1960 年 3 月 22 日，中共中央批转（　），指出鞍山钢铁公司破除苏联某钢厂的所谓“马钢宪法”神圣不可侵犯的管理制度的迷信，创造远东的“鞍钢宪法”。

A.《全国总工会党组关于当前技术革新、技术革命情况的报告》

B.《中共太原市委关于开展以机械化和半机械化为中心的技术革新和技术革命运动的决议》

C.《关于全国技术革新、技术革命重庆现场会议的报告》

D.《鞍山市委关于工业战线上的技术革新和技术革命运动开展情况的报告》

324. 1960 年 3 月，中华全国总工会、第一机械工业部、共青团中央在（　）联合召开全国技术革新、技术革命现场会。

A. 重庆　　B. 成都

C. 宜宾　　D. 绵阳

325.（　），中共中央、国务院召开全国教育和文化、卫生、体育、新

闻方面社会主义建设先进单位和先进工作者代表会议。这是新中国成立 11 年来召开的第一次全国文教群英会。

A. 1959 年 6 月 1 日至 11 日

B. 1959 年 10 月 26 日至 11 月 8 日

C. 1960 年 6 月 1 日至 11 日

D. 1960 年 9 月 10 日至 21 日

326. 1961 年 1 月，中国共产党八届九中全会提出对国民经济实行（　）的方针。

A.“以农业为基础、以工业为主导”

B.“增强信心、轻装上阵、大胆发展”

C.“调整、巩固、充实、提高”

D.“稳中求进、以进促稳、先立后破”

327. 1961 年 5 月，中共中央批转（　），强调指出基层工会的主要任务是在企业党委领导下，配合企业行政、共青团，从关心群众、关心群众生活福利着手，加强思想政治教育，提高职工生产积极性。

A.《关于改进基层工会工作的报告》

B.《关于工会工作中若干认识问题的意见》

C.《一手抓生产，一手抓生活》

D.《自己动手、改善生活》

328. 1961 年 6 月，中共中央制定《关于减少城镇人口和压缩城镇粮食销量的九条办法》，发出（　）。

A.《关于调整、充实基层工会干部问题的请示》

B.《切实抓好职工生活工作》

C.《关于精减职工工作若干问题的通知》

D.《关于企业职工业余教育经费开支问题的通知》

329. 1961 年 9 月，中央制定发布（　），在总结“左”倾错误经验教训的基础上建立和完善我国国营企业的一系列规章制度，促进工业的调整。

A.《全民所有制工业企业职工代表大会条例（草案）》

B.《国营工业企业工作条例（草案）》

C.《国营工业企业厂长工作条例（草案）》

D.《国营工业企业党委工作条例（草案）》

330. 1962 年 3 月在广州召开的全国科学工作会议和文艺工作及全国话剧、歌剧和儿童剧创作座谈会上，重新肯定我国知识分子的绝大多数已经是属于（　）的知识分子。

A. 资产阶级　　B. 买办阶级

C. 劳动人民　　D. 中产阶级

331. 1962 年 12 月 3 日，中华全国总工会召开（　）座谈会。

A. 学大庆

B. 向职工进行社会主义教育和革命传统教育

C. 职工业余高等教育

D. 职工体育工作

332. 1962 年底，全国八届四次执委会讨论通过（　），推动基层工会工作制度化建设。

A.《国营工业基层工会工作试行条例（草案）》

B.《国营工业企业工作条例（草案）》

C.《国营工业企业厂长工作条例（草案）》

D.《国营工业企业党委工作条例（草案）》

333. 1963 年 3 月 6 日，中华全国总工会发出《关于广泛组织全国职工向（　）同志学习的通知》。

A. 焦裕禄　　B. 雷锋

C. 张超　　D. 董存瑞

334. 1963 年 4 月 9 日，中华全国总工会发出《关于广泛组织全国职工学习（　）的通知》。

A. “钉钉子”精神　　B. “精益求精”精神

C. “一厘钱”精神　　D. “一分钱”精神

335. 1963 年 10 月，中共中央、国务院批转《国家经委、全国总工会关于在工业、交通企业中开展（　）竞赛问题的报告》。

A. “五好”企业和“五好”职工

B. 一不怕苦、二不怕死

C. 清政治、清经济、清组织、清思想

D. 为国争光、为中华民族争气

336. 1963 年 12 月 25 日，中华全国总工会和教育部在北京联合召开全国职工（　）工作会议。

A. 学历教育　　B. 业余教育

C. 夜校教育　　D. 扫盲

337. （　），毛泽东发出“工业学大庆”的号召，各级工会积极组织广大职工群众开展工业学大庆运动。

A. 1961 年　　B. 1962 年

C. 1963 年　　D. 1964 年

338. 在国民经济的恢复建设时期，中华全国总工会发出（　），号召全国职工发扬阶级友爱精神，以实际行动援助失业工人。

A.《为救济失业工人告全国工人书》

B.《关于整顿互助储金会，改进困难补助工作的指示》

C.《工资条例（草案）》

D.《职工生活困难补助办法》

339. 1964 年 1 月 7 日，中华全国总工会党组向中共中央报送（　），反映 1963 年全总派工作组调查工会工作的情况。

A.《关于加强产业工会工作的报告》

B.《关于加强县工会工作的报告》

C.《关于加强基层工会工作的报告》

D.《关于加强市县级工会工作的报告》

340. 1964 年 3 月 18 日，中华全国总工会党组向当时主管工会的中央书记处候补书记杨尚昆报送（　），纠正在工交企业建立政治部过程中，有些企业把工会并入政治部的错误。

A.《关于部分企业建立政治部以后工会的变动情况的报告》

B.《关于讨论和试行国营工业企业工作条例（草案）的指示》

C.《关于工业交通系统中政治部与工会组织的关系问题的意见》

D.《农村社会主义教育运动中目前提出的一些问题》

341. 1965 年 9 月 8 日，中共中央批转中华全国总工会《整顿基层工会的若干意见（草案）》，纠正在部分厂矿企业"四清"试点工作中发生的用（　）代替工会组织的错误。

A. 革命工人协会　　B. 革命委员会

C. 工业协会　　D. 法律协会

342. 1965 年 12 月中旬，中华全国总工会组织全国省、自治区、直辖市工会和部分省属工会的领导干部到（　）参观学习。

A. 克拉玛依油田　　B. 中原油田

C. 大庆油田　　D. 胜利油田

343.“文化大革命”蔓延至工业领域的标志性事件是（　　）。

A. 姚文元的《评新编历史剧海瑞罢官》的文章

B. 上海工厂筹建“上海工人革命造反司令部”

C.《解放日报》发表《告读者书》

D. 炮制“工运黑线统治”

344.（　　），中华全国总工会发出《关于工会各级组织高举毛泽东思想伟大红旗，积极参加社会主义文化大革命的通知》，要求各级工会当好地方党委的得力助手，把“文化大革命”放在一切工作的首位。

A. 1966 年 6 月　　B. 1967 年 6 月

C. 1968 年 6 月　　D. 1969 年 6 月

345. 1966 年 9 月，周恩来指示《人民日报》发表了社论《抓革命，促生产》，社论提出（　　）。

A.“要以阶级斗争为纲，全面推动生产发展”

B.“要以文化大革命为纲，一手抓革命，一手抓生产，保证革命和生产两不误”

C.“集中精力搞革命，生产可稍后再抓”

D.“革命与生产应交替进行，避免相互干扰”

346. 1967 年，上海“一月风暴”后，工运领袖和工会干部受到污蔑、摧残。其中最大的冤案当属伟大的无产阶级革命家、著名的工运领袖（　　）被以莫须有的罪名折磨迫害致死。

A. 刘少奇　　B. 李立三

C. 赖若愚　　D. 吴晗

347. 原中华全国总工会副主席、党组书记（　），身陷囹圄，仍不顾林彪、“四人帮”一伙的迫害，拒写揭发刘少奇的黑材料，甚至不惜以死抗争。

A. 赖若愚　　B. 李立三

C. 刘宁一　　D. 朱学范

348. 中共中央委员、全国总工会副主席、全总党组副书记（　），在中共八届十二中全会（扩大）表决永远把刘少奇开除出党、撤销其党内外一切职务时，拒不举手。她是全会上唯一不赞成错误决定的人。

A. 赵国强　　B. 康永和

C. 黄民伟　　D. 陈少敏

349. 1971 年 9 月 13 日，随着（　）反党集团的覆灭，已经持续五年的“文化大革命”开始出现转机，这为工人运动和工会工作的恢复、发展创造了条件。

A. 江青　　B. 林彪

C. 王洪文　　D. 张春桥

350. （　），中华全国总工会向中共中央提出组织人员到基层做调查，为整建工会作准备。

A. 1972 年 1 月　　B. 1973 年 3 月

C. 1974 年 5 月　　D. 1975 年 1 月

351. （　），《人民日报》《解放军报》和《红旗》杂志联合发表《新年献词》，明确提出工会、共青团、妇联等群众团体要经过整顿逐步健全起来的要求。

A. 1971 年 1 月 1 日　　B. 1972 年 1 月 1 日
C. 1973 年 1 月 1 日　　D. 1974 年 1 月 1 日

352. 1973 年 4 月 11 日，中共中央向全国批转北京市委和上海市委关于召开（　）的请示报告。

A. 职工运动会　　B. 职工代表大会
C. 工会代表大会　　D. 全国先进工作者座谈会

353. 到（　），全国有 28 个省、市、自治区召开工会代表大会，选举产生领导机构。省、市、自治区以下的工会组织也陆续整顿和恢复。

A. 1972 年底　　B. 1973 年底
C. 1974 年底　　D. 1975 年底

354.（　），中共中央发出《关于成立中国工会第九次全国代表大会筹备组的通知》。筹备组却成为“四人帮”阴谋夺权的一个主要工具。

A. 1972 年 2 月 21 日　　B. 1973 年 2 月 21 日
C. 1974 年 2 月 21 日　　D. 1975 年 2 月 21 日

355. 1977 年 3 月，（　）率先相互开展竞赛，引起全国铁路系统的强烈反响，掀起“比、学、赶、帮、超”的竞赛热潮。

A. 郑州铁路局和北京铁路局　　B. 郑州铁路局和武汉铁路局
C. 武汉铁路局和北京铁路局　　D. 郑州铁路局和西安铁路局

356. 1977 年 4 月 20 日至 5 月 13 日，（　）会议先后在大庆、北京召开。

A. 全国人民学大庆　　B. 全国工业学大庆
C. 大庆经验交流　　D. 大庆油田先进表彰

357. 1977 年 8 月 3 日，中共中央决定成立以中华全国总工会副主席、书记处书记（　）为首的全国总工会机关领导小组。

A. 王景升　　B. 张世忠

C. 马纯古　　D. 李春明

358. 1977 年 8 月 12 日至 18 日，中国共产党（　）在北京召开。这次大会使“文化大革命”中被打乱的党和国家政治生活的正常秩序逐步得到恢复。

A. 第九次全国代表大会　　B. 第十次全国代表大会

C. 第十一次全国代表大会　　D. 第十二次全国代表大会

359. 1978 年 3 月 18 日，（　）在北京人民大会堂召开。邓小平在开幕词中指出我国知识分子的绝大多数已经是工人阶级的一部分，是党的一支依靠力量。

A. 中共中央会议

B. 全国科学大会

C. 第五届全国人民代表大会第一次会议

D. 中国人民政治协商会议第五届全国委员会第一次会议

360. 1978 年 4 月 27 日至 29 日，中华全国总工会召开全国劳动模范座谈会，并联名发表（　），号召全国劳动模范争当新长征的排头兵。

A.《决心书》　　B.《倡议书》

C.《争当排头兵》　　D.《挑战书》

361. 1978 年 4 月 20 日，中共中央颁布（　），明确规定企业要以生产为中心，理直气壮搞生产，坚持以责任制为核心的各项规章制度，大力提高企业管理水平。

A.《关于加快工业发展若干问题的决定（草案）》

B.《关于加快工业发展若干问题》

C.《关于科技工作的几个问题》

D.《论全党全国各项工作的总纲》

362.（　），国务院批转财政部《关于国营企业试行企业基金的规定》，允许完成国家计划的企业提取一定数量的利润作为企业基金，用于举办集体福利事业和奖励职工。

A. 1977 年　　B. 1978 年

C. 1979 年　　D. 1980 年

363. 1978 年 4 月，中华全国总工会（　）执委扩大会议召开，标志着中华全国总工会工作开始（　）。

A. 八届六次、全面恢复　　B. 八届七次、全面恢复

C. 八届七次、部分恢复　　D. 八届八次、部分恢复

364. 自改革开放起，中国工会每（　）召开一次全国代表大会成为惯例。

A. 三年　　B. 四年

C. 五年　　D. 十年

365. 改革开放特别是建立社会主义市场经济体制以来，各级工会围绕建立稳定和谐的劳动关系进行大胆探索和创新，为牢固树立（　）奠定了实践基础。

A. 中国特色社会主义工会发展道路

B. 中国特色社会主义工会维权观

C. 社会主义发展道路

D. 中国特色社会主义发展道路

366. 1978 年（　），中国工会第九次全国代表大会在北京召开。马纯古致开幕词，邓小平代表党中央、国务院致词。

A. 9 月 11 日至 21 日　　B. 10 月 11 日至 21 日

C. 11 月 11 日至 21 日　　D. 12 月 11 日至 21 日

367. 在中国工会九大上，邓小平作题为（　）的致词，是指导新时期工人运动和工会工作的纲领性文件。

A.《工人阶级要为实现四个现代化作出优异贡献》

B.《中国工人阶级新的伟大使命》

C.《在社会主义物质文明和精神文明建设中发扬工人阶级的主人翁精神》

D.《关于中国工会工作报告的决议》

368. 1978 年 10 月 22 日，中华全国总工会第九届执行委员会第一次全体会议选举（　）为全国总工会主席。

A. 朱学范　　B. 倪志福

C. 宋倪夫　　D. 陈宇

369. 1978 年 12 月，（　）的召开使工人阶级和广大工会干部从发展生产力、实现四化的高度认识到改革的必要性和重要性。

A. 中国工会十大

B. 中国工会十一大

C. 中共十一届三中全会

D. 中共第九届第二次常委（扩大）会议

370. 1978 年 12 月，中华全国总工会在北京召开（　）座谈会。

A. 企业民主管理工作　　B. 职工业余文艺工作

C. 职工教育工作　　D. 工人文化宫、俱乐部工作

371. 1979 年 2 月，中华全国总工会在北京召开九届二次常委（扩大）会议，着重研究工会如何围绕（　）这个中心，做好群众工作、做好工会工作的问题。

A. 社会建设　　B. 工业建设

C. 文化建设　　D. 四化建设

372. 1979 年起，由基层行政拨缴工会经费，工会（　）恢复独立。

A. 经费　　B. 活动

C. 组织　　D. 工作

373. 从 1977 年 4 月到 1979 年 12 月两年时间内，中共中央、国务院连续举行（　）次全国劳模表彰大会，开启劳模表彰工作的第二次高潮。

A. 4　　B. 5

C. 6　　D. 7

374. 1979 年 2 月，中华全国总工会作出《加强安定团结，广泛深入地开展（　）运动的决议》。

A. 法制纪律教育　　B. 修理旧房

C. 增产节约　　D. 主人翁公约

375. 1979 年 9 月 19 日，中共中央批转（　），对赖若愚、董昕等人彻底平反，恢复名誉。

A.《关于修改中国工会章程的报告》

B.《对全国总工会党组第一次扩大会议复查结论》

C.《中国工人阶级新的伟大历史使命》

D.《对中华全国总工会党组第三次扩大会议的复查结论和报告》

376.（　），国务院在人民大会堂举行隆重的授奖仪式，嘉奖农业、财贸、教育、卫生、科研战线上的全国先进单位和全国劳动模范。

A. 1979 年 12 月 28 日　　B. 1979 年 12 月 30 日

C. 1980 年 1 月 1 日　　D. 1980 年 5 月 1 日

377. 1979 年 12 月，中华全国总工会召开（　），提出工会工资工作的总任务，并对工会工资工作建立工作机构与工作制度提出具体要求。

A. 全国工会工资工作座谈会

B. 全国劳动模范座谈会

C. 全国科学大会

D. 劳动保险工作会议

378. 1980 年 1 月，中华全国总工会召开女工工作会议，要求各级工会协助行政切实做好女职工的（　）工作。

A. 理想信念教育　　B. 劳动保护

C. 家庭教育　　D. 素质提升

379. 1980 年 4 月 24 日，中华全国总工会发出《关于恢复和加强工会（　）的通知》。

A. 文化活动　　B. 统计工作

C. 审计工作　　D. 工会干部培训

380. 1980 年 4 月，中华全国总工会召开劳动保险工作会议，要求各级工会协同（　），共同做好劳动保险工作。

A. 人大　　B. 政协

C. 各级政府劳动部门　　D. 检察院

381. 1980 年 6 月，中华全国总工会等十个部门共同开展新中国成立以来第一次（　）活动，评选表彰安全生产、文明生产先进单位和个人，此活动一直持续到1984年。

A. 安全生产周　　B. 全国生产月

C. 全国安全月　　D. 争做安全标兵

382. 1980年10月，中华全国总工会印发（　），努力解决职工生活中存在的实际困难。

A.《关于进行职工生活大检查的通知》

B.《关于整顿和加强劳动保险工作的通知》

C.《关于关心人民群众文化生活的指示》

D.《工会小组劳动保护检查员工作条例》

383. 1981年2月20日，中共中央、国务院作出的（　），是指导新时期恢复发展职工教育的重要文件。

A.《关于普及小学教育若干问题的决定》

B.《关于开展职工业余教育的指示》

C.《关于加强职工教育工作的决定》

D.《关于进一步加强和改进大学生思想政治教育的意见》

384. 1981年2月25日，中华全国总工会、共青团中央、全国妇联等单位联合向全国人民特别是青少年发出开展（　）文明礼貌活动倡议。

A. “公民道德”　　B. “讲文明话、做文明事”

C. “五讲四美”　　D. “讲文明、树新风”

385. （　）5月至6月间，全国总工会同中组部、国家经委在北京联合召开全国第一次企业民主管理座谈会，制定《国营工业企业职工代表大会暂行条例（草案）》。

A. 1980年　　B. 1981年

C. 1982 年　　D. 1983 年

386. 1981 年 6 月，中国共产党十一届六中全会通过（　），标志着党在指导思想上的拨乱反正胜利完成。

A.《关于建国以来党的若干历史问题的决议》

B.《关于为小说〈刘志丹〉平反的报告》

C.《关于王洪文、张春桥、江青、姚文元反党集团事件的通知》

D.《论全党全国各项工作的总纲》

387. 为了贯彻中共十一届六中全会精神，进一步研究新时期工会工作，中华全国总工会于 1981 年 10 月 7 日至 12 日召开（　）。

A. 全国总工会党组第二次扩大会议

B. 中国工会第九次全国代表大会

C. 九届第二次常委（扩大）会议

D. 九届三次执委扩大会议

388.（　），中华全国总工会法律顾问委员会成立，其任务是为全国总工会参政议政、为维护职工和工会组织的合法权益提供法律建议和咨询。

A. 1981 年 7 月　　B. 1982 年 7 月

C. 1983 年 7 月　　D. 1984 年 7 月

389.（　），职工代表大会第一次写入国家宪法。

A. 1982 年　　B. 1983 年

C. 1984 年　　D. 1985 年

390.（　）3 月初至 4 月中旬，中华全国总工会会同中共中央书记处研究室，组织全国工人阶级状况系统调查，这是新中国成立以来就工人阶级状况所作的一次规模较大和较为系统的调查。

A. 1981 年　　B. 1982 年

C. 1983 年　　D. 1984 年

391. 1982 年，上海首先发起（　）读书活动。

A. 书香社会　　B. 阅享经典

C. 振兴中华　　D. 全民

392.（　），中国共产党第十二次全国代表大会在北京召开。

A. 1981 年 10 月 1 日至 11 日　　B. 1982 年 9 月 1 日至 11 日

C. 1983 年 9 月 1 日至 11 日　　D. 1983 年 10 月 1 日至 9 日

393. 1982 年 12 月 10 日，中华全国职工技术协作委员会成立暨表彰先进大会召开，大会选举（　）为全国职工技术协会主任。

A. 王崇伦　　B. 张海迪

C. 申纪兰　　D. 侯占友

394. 1982 年，中华全国总工会和各级地方工会领导机关进行（　）改革，核心是精简机构，提高办事效率，密切联系群众。

A. 工资　　B. 机构

C. 人事　　D. 基层组织

395. 1983 年 1 月，中华全国总工会同中宣部、中组部、中央书记处研究室、国家经委等单位，在北京召开新中国成立以后首次全国职工思想政治工作会议，会议讨论和修改了（　）。

A.《努力开创企业思想政治工作新局面》

B.《充分发挥工会共产主义学校的作用》

C.《全国职工思想政治工作纲要（试行）》

D.《关于深入开展五讲四美活动的报告》

396. 1983 年 3 月 14 日，中共中央书记处讨论（　）和十届执委会主席团（常委）组成的初步设想，并对工会问题作出重要指示。

A. 党的十一届三中全会报告　　B. 党的十一届六中全会报告

C. 中国工会九大工作报告提纲　D. 中国工会十大工作报告提纲

397. 1983 年 3 月 14 日，中共中央书记处举行第 47 次会议，作出工会要真正成为“职工之家”，工会干部要真正成为（　）的重要指示（简称 3 · 14 指示）。

A. “知心人”　　B. “工人之友”

C. “娘家人”　　D. “工人朋友”

398. 1983 年 7 月 1 日，中共中央批转（　），这是新中国成立以来第一个关于企业职工思想政治工作的纲领性、规范性文件，标志着我国企业职工思想政治工作随着全党工作重点的转移进入了一个新阶段。

A.《在社会主义物质文明和精神文明建设中发扬工人阶级的主人翁精神》

B.《职工思想政治工作纲要（试行）》

C.《国营企业职工思想政治工作纲要（试行）》

D.《国营企业职工思想教育工作纲要（试行）》

399. （　），国际劳工组织举行第 69 届大会，中国首次派遣代表出席，从此中国恢复了在国际劳工组织中的活动。

A. 1971 年 3 月　　B. 1978 年 6 月

C. 1981 年 3 月　　D. 1983 年 6 月

400. 劳动模范（　），出生于洛阳偃师，曾在洛阳造纸厂当锅炉工，后到老集煤场工作，热心为用户服务，处处为国家精打细算，被誉为“闲不住的实干家”。1983 年被追授予“全国劳动模范”称号。

A. 赵梦桃　　B. 赵春娥

C. 罗建夫　　D. 蒋筑英

401. 被誉为“勇攀科技高峰的光学专家”（　），带领研究小组建立我国第一台光学传递函数测量装置，建成国内第一流的光学检测实验室，是新中国成立以来第一位逝世后被追认为全国劳动模范的知识分子。

A. 罗建夫　　B. 于敏

C. 蒋筑英　　D. 南仁东

402. 1983 年 10 月，中国工会第十次全国代表大会在北京举行。大会的主题是（　）。

A. 在社会主义物质文明和精神文明建设中激发职工劳动积极性

B. 在社会主义物质文明和精神文明建设中维护职工合法权益

C. 在社会主义物质文明和精神文明建设中发扬工人阶级的主人翁精神

D. 在社会主义物质文明和精神文明建设中密切联系群众

403. 中华全国总工会第十届执行委员会第一次全体会议选举（　）为全国总工会主席。

A. 倪志福　　B. 尉健行

C. 罗干　　D. 王崇伦

404. 中国工会十大提出工会工作的方针是：以（　）为中心，为职工说话、办事，维护职工的合法权益，加强对职工的思想政治教育和文化技术教育，建设一支有理想、有道德、有文化、守纪律的职工队伍。

A. 四化建设　　B. 文化建设

C. 工业建设　　D. 政治建设

405. 中国工会十大通过的《中国工会章程》，专设（　）一章。

A. 工会干部　　B. 工会积极分子

C. 工会干部和工会积极分子　　D. 工会小组

406. 从中国工会十大起，新设（　）职务。

A. 书记处书记　　B. 书记处第一书记

C. 经费审查委员会主任　　D. 经费审查委员会副主任

407. 1984 年，全国总工会机关成立工人运动研究会，在原全国总工会干校基础上组建（　），对全国工运理论政策研究的开展起指导和推动作用。

A. 中国工运学院　　B. 中国劳动关系学院

C. 中国工运理论学院　　D. 中国工会学研究会

408. 1984 年 4 月，中华全国总工会在天津召开全国小企事业单位（　）工作经验交流会，推广天津市各级工会因陋就简办“三小”（小食堂、小淋浴，小厕所），改善职工劳动和生活条件的经验。

A. 劳动保险　　B. 安全保障

C. 生活福利　　D. 工资待遇

409. 1984 年 5 月 1 日，中华全国总工会拉开在全国基层工会组织普遍开展建设（　）活动的序幕。

A.“小康之家”　　B.“群众之家”

C.“职工之家”　　D.“工人之家”

410. 1984 年 6 月，中华全国总工会作出《关于在职工中建立和发展各种（　）小组的决定》，要求各级工会组织实行自愿参加、自由结合、自办活动、自定章法，切忌生搬硬套外单位的做法，做到少花钱多办事、不花钱也办事。

A. 业余爱好　　B. 兴趣爱好

C. 业余生活　　D. 科学研究

411. 1984 年 12 月，中华全国总工会十届二次执委会议作出《认真贯彻党的十二届三中全会精神，充分发挥工会组织在（　）中的作用的决议》。

A. 组织结构改革　　B. 改革开放

C. 市场经济　　D. 经济体制改革

412. 1984 年 12 月，（　）在全国总工会十届二次执委会议上明确提出，工会要加强自身的改革和建设，走一条有中国特色的工会工作新路子。

A. 郝建秀　　B. 罗干

C. 尉健行　　D. 陈秉权

413. 1985 年 1 月，中华全国总工会在广东省深圳市召开全国经济特区、沿海开放城市（　）座谈会。

A. 中外合资企业工会工作　　B. 外商独资企业工会工作

C. “三来一补”企业工会工作　　D. 中外大型企业工会工作

414. 1985 年，在庆祝中华全国总工会成立 60 周年和“五一”国际劳动节大会之际，中国工会领导人向世界宣布：中国工会在国际事务中，奉行（　）的方针，发展同各国工会的友好关系。

A. “独立自主、全面联系”　　B. “平等协作、独立自主”

C. “独立自主、广泛联系”　　D. “独立自主、团结互助”

415. 1985 年 2 月，中华全国总工会颁布（　），解决正规教育培训远不能适应广大职工需求的矛盾。

A.《关于在职工中建立和发展各种兴趣爱好小组的决定》

B.《职工自学成才奖励暂行条例》

C.《科学社会主义常识》

D.《全国职工思想政治工作纲要（试行）》

416. 1985 年 5 月，广东省颁布我国经济特区第一个工会规章（　　），这是依据国家法律规定、结合特区特点制定的一部地方性法规。

A.《深圳特区企业工会规定》

B.《广东省经济特区企业工会规定》

C.《广东省企业工会规定》

D.《广东省“三资”企业工会规定》

417. 1985 年 9 月，中华全国总工会会同国家体委等单位，主办（　　）全国工人运动会，标志着我国职工体育队伍的壮大和职工体育运动的新发展。

A. 第一届　　　　B. 第二届

C. 第三届　　　　D. 第四届

418. 1985 年 11 月 9 日至 14 日，中华全国总工会召开十届三次执委会，通过《团结奋斗，改革创新，为实现（　　）建功立业》的决议。

A. 中国特色社会主义市场经济

B. 建设小康社会

C.“七五”计划

D.“八五”计划

419. 1985 年 11 月，中共中央、国务院同意和确认中华全国总工会党组报送的《关于工会参加党和政府有关会议和工作机构的请示》，为工会（　　）创造条件。

A. 合理化建议　　B. 参政议政
C. 源头参与　　D. 参与经济建设

420. 1986 年 4 月 13 日，中华全国总工会发出通知，号召全国职工积极行动起来，开展（　）。
A. 青工政治轮训　　B. 文化技术教育
C. 共产主义思想教育　　D. 社会主义劳动竞赛

421. 1986 年 4 月，中华全国总工会召开全国工会干部教育工作会议，研讨（　）期间工会干部培训规划要点。
A. “七五”　　B. “八五”
C. 四化建设　　D. 对外开放

422. （　），中华全国总工会首批任命 155 名从事劳动保护工作的专职干部为工会劳动保护监督检查员。
A. 1986 年 6 月　　B. 1987 年 12 月
C. 1989 年 5 月　　D. 1992 年 7 月

423. 1986 年 7 月，中华全国总工会参与劳动制度改革，与中共中央宣传部、国家经委、劳动人事部联合印发（　）。
A.《关于进一步深化中央企业劳动用工和收入分配制度改革的指导意见》
B.《企业劳动、工资、社会保险制度改革宣传提纲》
C.《劳动制度改革宣传提纲》
D.《完善企业职工基本养老保险制度宣传提纲》

424. 1986 年 7 月 31 日至 8 月 3 日，中华全国总工会召开全国工会职工（　）会议。
A. 工资制度改革　　B. 思想政治工作

C. 合理化建议　　D. 建设职工队伍精神文明

425. 1986 年 9 月，中华全国总工会、国家经委联合召开新中国成立以来首次全国（　）会议及表彰大会，研究新时期班组建设的基本任务。

A. 班组工作　　B. 车间工作

C. 党务工作　　D. 国际工运

426. 1986 年，中华全国总工会等单位制定和颁布新中国成立以来第一次专为女职工“五期”保护服务的（　）。

A.《女职工劳动保护规定》

B.《女职工保健工作暂行规定（试行草案）》

C.《女职工权益维护规定》

D.《女职工安全健康工作规定》

427. 我国第一部企业民主管理的专门性法规是 1986 年中共中央、国务院颁布的（　）。

A.《国营企业职工代表大会暂行条例》

B.《国营工厂厂长工作暂行条例》

C.《中国共产党全民所有制工业企业基层组织工作暂行条例》

D.《全民所有制工业企业职工代表大会条例》

428. 1987 年 2 月，中华全国总工会发出通知，要求各地工会、产业工会动员广大职工广泛开展（　）运动。

A. 爱国主义卫生　　B. 增产节约、增收节支

C. 学习女排精神　　D. 比学赶帮超

429. 1987 年 7 月，中华全国总工会书记处研究如何适应当前形势，发挥工会在改革中的作用和工会（　）问题。

A. 自身建设　　B. 基层组织

C. 组织建设　　D. 自身改革

430. 1987 年 8 月，中华全国总工会、国家经委等单位在北京举行全国首次（　）建设优秀成果发布会，引起强烈反响。

A. 班组　　B. 劳动保护

C. 安全生产　　D. 劳动竞赛

431. 1987 年 10 月 25 日至 11 月 1 日，中国共产党（　）大会在北京召开。

A. 第十二次全国代表　　B. 第十三次全国代表

C. 第十四次全国代表　　D. 第十五次全国代表

432. 1988 年 4 月 13 日颁布的（　），首次将职工代表大会制度纳入国家基本法律规范中。

A.《国营企业职工代表大会暂行条例》

B.《国营工厂厂长工作暂行条例》

C.《中华人民共和国全民所有制工业企业法》

D.《中国共产党全民所有制工业企业基层组织工作暂行条例》

433. 1988 年“五一”国际劳动节前夕，中华全国总工会通报表扬在开展（　）工作中作出突出贡献的江苏、浙江、黑龙江、湖北、湖南、福建和上海 7 个省市总工会。

A. 乡村扶贫　　B. 技术扶贫

C. 技术比武　　D. 乡村振兴

434. 1988 年 7 月 21 日，由中华全国总工会等单位参与制定的（　）经国务院正式颁布，这是我国第一部综合性女职工保护规定。

A.《女职工劳动保护规定》

B.《女职工保健工作暂行规定（试行草案）》

C.《妇女权益保障法》

D.《职工生育保险办法》

435. 1988 年 10 月 22 日至 28 日，中国工会第十一次全国代表大会在北京人民大会堂隆重举行。大会明确提出要以经济建设为中心，在维护全国人民总体利益的同时，更好地（　）职工群众的具体利益。

A. 服务　　B. 维护

C. 表达和维护　　D. 表达

436. 在全国总工会第十一届执行委员会第一次会议上，（　）再次当选全国总工会主席。

A. 倪志福　　B. 朱厚泽

C. 郑万通　　D. 张富有

437. 1988 年 12 月，（　）第一次成功举行政府与工会联席会议。

A. 陕西省　　B. 山西省

C. 上海市　　D. 辽宁省

438. （　）是中华全国总工会于 1988 年在总结常州市、潍坊市等地建立工会联合会经验的基础上，提出的一项工会组织制度的重大改革。

A. 联合制代表制　　B. 委员替补制

C. 民主选举制度　　D. 会员代表大会制

439. 1989 年 7 月 25 日至 28 日，中华全国总工会召开十一届三次主席团（扩大）会议，作出《动员全国职工深入开展“（　）”运动》的决议。

A. 合理化建议　　B. 节约资源

C. 节能减排　　D. 双增双节

440.（　）9 月 28 日，中共中央、国务院在北京人民大会堂隆重召开全国劳动模范和先进工作者表彰大会，这是时隔十年后，全国各路群英欢聚一堂的又一次盛会，也是对国家十年改革和建设成果的一次检阅。

A. 1987 年　　B. 1988 年

C. 1989 年　　D. 1990 年

441. 1989 年 12 月 21 日至 25 日，全国总工会十一届二次执委会议在北京召开。中共中央领导人在人民大会堂接见参会代表，强调工人阶级是社会主义革命和建设的主力军，在当前（　）中，同样要全心全意依靠工人阶级。

A. 改革开放　　B. 治理整顿和深化改革

C. 四化建设　　D. 建立社会主义市场经济

442. 1989 年 12 月，中共中央印发（　）。这是新中国成立以来关于工会等群团工作的第一个全面系统的党内文件。

A.《关于加强和改进党的群团工作意见》

B.《中共中央关于加强和改善党对工会、共青团、妇联工作领导的通知》

C.《深化党和国家机构改革方案》

D.《关于加强社会组织党的建设工作的意见（试行）》

443. 1990 年 3 月 9 日至 12 日，中国共产党十三届六中全会通过《中共中央关于加强党同（　）联系的决定》。

A. 人民　　B. 人民群众

C. 工会　　D. 工会组织

444. 1990 年 5 月 8 日，全国总工会劳模报告团在北京人民大会堂举行首场报告会，(　　) 等五位劳模发言。

A. 胡殿荣　　B. 郭汉中

C. 母永奇　　D. 冯新岩

445. 1990 年 11 月 26 日至 30 日，中华全国总工会在上海召开（　　）会议，提出全国职工和工会经济工作者要努力促进经济结构的调整，使我国的经济逐步走上持续、稳定、协调发展的轨道。

A. 全国劳动保护与劳动竞赛工作

B. 上海市劳动保护工作

C. 全国经济技术劳动保护工作

D. 上海市技术能手比武工作

446. (　　)，全国总工会女职工委员会成立，由此我国工会女职工组织称为工会女职工委员会。

A. 1988 年 2 月　　B. 1989 年 2 月

C. 1990 年 2 月　　D. 1991 年 2 月

447. (　　)，国务院决定在全国范围内开展“质量、品种、效益年”活动，全国总工会号召各级工会组织全国职工深入开展以“质量、品种、效益”为主要内容的社会主义劳动竞赛。

A. 1990 年　　B. 1991 年

C. 1992 年　　D. 1993 年

448. 1991 年 6 月 26 日，中共中央办公厅批转全国总工会党组《关于进一步发挥工人阶级主力军作用需要解决的几个问题的报告》，再次强调要发挥职工群众参与（　　）的作用。

A. 检阅十年改革和建设成果　　B. 表彰全国劳动模范

C. 发挥先进模范人物作用　　D. 管理国家和社会事务

449.（　），修改后的《中华人民共和国工会法》正式颁布施行，同时废止 1950 年中央人民政府颁布的《中华人民共和国工会法》。

A. 1991 年 3 月 3 日　　B. 1991 年 4 月 3 日

C. 1992 年 3 月 3 日　　D. 1992 年 4 月 3 日

450.（　），中国共产党第十四次全国代表大会在北京召开。

A. 1991 年 1 月 12 日至 18 日　　B. 1992 年 10 月 12 日至 18 日

C. 1993 年 5 月 1 日至 10 日　　D. 1993 年 10 月 12 日至 18 日

451. 1992 年，全国总工会在（　）调查报告中，对改革开放 14 年来工人阶级基本状况及其主要变化作系统调查，并对新一代工人阶级作出科学评价。

A.《工会改革的基本设想》

B.《我国工人阶级的伟大使命》

C.《向社会主义市场经济转变过程中的工人阶级》

D.《团结动员全国职工发挥主力军作用，为夺取有中国特色社会主义事业的更大胜利而奋斗》

452. 1993 年 9 月，中华全国总工会在无锡召开全国乡镇企业工会工作会议，印发（　）。

A.《乡镇企业工会工作条例》

B.《中华全国总工会关于加强乡镇企业工会工作条例》

C.《中共中央关于加强乡镇企业工会工作的意见》

D.《中华全国总工会关于加强乡镇企业工会工作的意见》

453. 1993 年 9 月 13 日，中华全国总工会和国家国有资产管理局联合印发的《关于工会资产界定与管理有关问题的通知》中规定："由工会经费（包括会员缴纳的会费、行政按国家规定拨缴的工会经费、政府及行政方面的补助、工会所属企事业收入、社会损赠、外国援助等其他收入）形成的资产，属于（　），不进行国有资产登记，由工会组织进行财产清查登记和管理。"

A. 企业资产　　B. 工会资产

C. 集体资产　　D. 个人资产

454. 1993 年 10 月 24 日，中国工会（　）全国代表大会在北京举行。

A. 第十一次　　B. 第十二次

C. 第十三次　　D. 第十四次

455.（　）第一次为职工董事、职工监事制度的建立提供政策支持。

A. 中共十一届三中全会　　B. 中共十三届三中全会

C. 中共十四届三中全会　　D. 中共十五届三中全会

456. 1993 年 11 月，中国共产党十四届三中全会通过的《中共中央关于建立社会主义市场经济体制若干问题的决定》，明确提出在 20 世纪末初步（　）社会主义市场经济体制。

A. 建立　　B. 完善

C. 发展　　D. 巩固

457. 从中国工会十二大开始，中华全国总工会执委会委员、经审会委员和产业工会全国委员会委员实行（　）。

A. 联合制　　B. 代表制

C. 替补制　　D. 选举制

458. 1993 年颁布的（　）第一次明确在公司制企业"通过职工代表大会和其他形式，实行民主管理"。

A.《劳动法》　　B.《公司法》

C.《全民所有制工业企业法》　　D.《劳动合同法》

459. 1993 年颁布的（　）规定，劳动争议仲裁委员会由政府劳动行政部门、工会组织和企业主管部门的代表组成，实行三方性原则。

A.《企业劳动争议处理条例》

B.《三方协商促进履行国际劳动标准公约》

C.《企业最低工资规定》

D.《关于逐步实行集体协商和集体合同制度的通知》

460. 1994 年，中华全国总工会将一年一度的送温暖活动拓展为（　）。

A.“帮扶项目”　　B.“金秋助学”

C.“送温暖工程”　　D.“冬送温暖　夏送清凉”

461. 1994 年 4 月中旬，中共中央办公厅、国务院办公厅转发全国总工会上报的《关于外商投资企业劳动关系和（　）情况的报告》。

A. 职工队伍　　B. 组建工会

C. 工会建设　　D. 工会经费

462. 1994 年 6 月 23 日至 26 日，中华全国总工会在河北省石家庄市召开十二届三次主席团会议和（　）会议。

A. 全国女职工工作　　B. 全国合理化建议工作

C. 河北省职工民主管理工作　　D. 全国职工民主管理工作

463. 1994 年 7 月 5 日，第八届全国人民代表大会常务委员会第八次会议通过（　）。

A.《中华人民共和国工会法》　　B.《女职工劳动保护特别规定》

C.《中华人民共和国劳动法》　　D.《中华人民共和国劳动合同法》

464. 1994 年 12 月 12 日，中华全国总工会第十二届二次执委会议通过了（　）这一重要决定。

A.《全国总工会关于贯彻实施〈劳动法〉的决定》

B.《全国总工会关于加强职工培训的决定》

C.《全国总工会关于维护职工权益的决定》

D.《全国总工会关于推进企业民主管理的决定》

465. 1994 年颁布的《工资支付暂行规定》，要求用人单位应通过（　）或者其他形式协商制定内部的工资支付制度。

A. 职工大会　　B. 职工大会、职工代表大会

C. 董事会　　D. 监事会

466.《中华人民共和国劳动法》于（　）起开始实施。

A. 1992 年 1 月 1 日　　B. 1993 年 3 月 1 日

C. 1995 年 1 月 1 日　　D. 1995 年 5 月 1 日

467. 1995 年，中华全国总工会和中国外商投资企业协会决定联合在全国外商投资企业开展（　）。

A. 推动世界 500 强在华企业建会入会

B. 推动工会组织和工会会员实名制管理活动

C. 以“双爱双评”为主要内容的建设职工之家活动

D.“两个普遍”活动

468. 1995 年 2 月，中华全国总工会下发《全国总工会关于在建立集体协商和（　）制度中做好工会工作的意见》。

A. 劳动合同　　B. 集体合同

C. 劳务合同　　D. 人事代理

469. 1995 年 4 月 25 日至 28 日，中华全国总工会在（　）举行外商投资企业工会工作国际研讨会。

A. 北京　　B. 天津

C. 上海　　D. 重庆

470. 1995 年 10 月，中华全国总工会作出《全国总工会关于（　）事业面向市场深化改革的决定》。

A. 工人文化宫　　B. 职工疗休养

C. 工人俱乐部　　D. 职工大学

471. 为加大对职工科学、文化技术教育的力度，全国总工会于（　）正式启动工会系统示范性职工学校的创建工作。

A. 1995 年 5 月　　B. 1995 年 10 月

C. 1996 年 5 月　　D. 1996 年 10 月

472. 1996 年 6 月 24 日至 25 日，中华全国总工会、中共中央党校、《求是》杂志社在北京人民大会堂联合召开（　）研讨会。

A. 如何发挥工会作用　　B. 如何加强党和职工群众的联系

C. 什么是工人阶级　　D. 全心全意依靠工人阶级

473. 1996 年 8 月 5 日，中华全国总工会协同劳动部等单位向国务院报送《关于建立城市（　）的建议》。

A. 最低工资标准　　B. 职工补充保障制度

C. 最低生活保障制度　　D. 下岗职工生活保障制度

474. 1996 年 8 月，中华全国总工会下发《关于工会促进（　）和企业富余职工分流安置的意见》。

A. 青年职工创业　　B. 失业职工再就业

C. 下岗职工再分配　　D. 增强企业活力

475. 1996 年 9 月，中华全国总工会在青岛召开建设（　）机制研讨会。

A. 高温补贴　　B. 技能提升

C. 送温暖工程　　D. 冬送清凉　夏送温暖

476. 1997 年初，中华全国总工会印发《关于贯彻落实工会工作总体思路　把建设（　）活动提高到新水平的意见》。

A. 青年之家　　B. 职工之家

C. 职工之友　　D. 职工读书

477. 1997 年 8 月 28 日至 30 日，中华全国总工会在河北邯郸钢铁集团有限责任公司召开（　）现场经验交流会。

A. 机械冶金行业工会工作　　B. 国有企业工会工作

C. 全心全意依靠职工办好企业　　D. 全心全意依靠职工搞活经济

478.（　），中国共产党第十五次全国代表大会在北京召开。

A. 1996 年 9 月 9 日至 19 日　　B. 1996 年 9 月 10 日至 18 日

C. 1997 年 8 月 8 日至 18 日　　D. 1997 年 9 月 12 日至 18 日

479. 1997 年 10 月，中华全国总工会和中纪委、中组部、国家经贸委等在北京联合召开“实行厂务公开，加强企业（　）”研讨会。

A. 民主监督民主管理　　B. 民主参与民主监督

C. 自主研发自主创造　　D. 自我管理自主经营

480.（　），中华全国总工会成立促进再就业工作领导小组，各省、市、区工会也相继成立领导小组，从上到下形成有领导、有制度、有目标、有措施、有检查的工作格局。

A. 1998 年 4 月　　B. 1998 年 5 月

C. 1998 年 6 月　　D. 1998 年 7 月

481. 1998 年 9 月，中华全国总工会下发《关于建立职工补充保障体系的意见》，提出用（　）年左右的时间，初步建立起对国家社会保障体系具有补充功能的、群众互助互济性质的、具有中国工会特色的职工补充保障体系雏形。

A. 5　　B. 6

C. 8　　D. 10

482. 1998 年 10 月 19 日至 24 日，中国工会（　）全国代表大会在北京举行。

A. 第十一次　　B. 第十二次

C. 第十三次　　D. 第十四次

483. 1998 年 10 月，中国工会第十三次全国代表大会把（　）作为工会工作的指导思想写入《中国工会章程》。

A. 依法治国　　B. 依法治会

C. 邓小平理论　　D. 群众路线

484. 1998 年 10 月，在全国总工会第十三届执委会第一次全体会议上，（　）再次当选为全国总工会主席。

A. 张俊九　　B. 卢展工

C. 尉健行　　D. 李永安

485. 1999 年 1 月，由中纪委、国家经贸委、全国总工会三家联合成立（　），下设办公室，统一协调指导全国厂务公开工作，并于 4 月 18 日至 20 日在天津召开全国厂务公开经验交流会。

A. 全国厂务公开协调小组　　B. 全国厂务公开领导小组

C. 三方协商协调小组　　D. 三方协商领导小组

486. 1999 年 2 月，中华全国总工会印发《全国总工会关于加强（　）工会工作的意见》，提出要继续加大新经济组织工会工作力度，推进工会工作法制化建设，加快建立协商谈判和集体合同制度。

A. 集体协商　　B. 新经济组织

C. 建立集体合同制度　　D. 开发区

487. 中华全国总工会组织劳模大规模集中疗休养始于（　）。

A. 2000 年　　B. 2001 年

C. 2002 年　　D. 2003 年

488. 2000 年 9 月，中华全国总工会制定下发《中华全国总工会关于加强（　）有关问题的暂行规定》，该规定亮点在于明确职工加入工会的条件和程序。

A. 工会会员登记　　B. 工会会员入会条件

C. 工会会员会籍管理　　D. 工会组建

489. 2000 年 10 月，中华全国总工会印发《中华全国总工会关于实施群众性（　）工程的意见》。

A. “五小”　　B. 经济技术创新

C. 创新品牌　　D. 保安全、创效益

490. 2000 年 11 月 11 日至 12 日，全国新建企业工会组建工作会议在（　）召开。

A. 浙江省义乌市　　B. 浙江省宁波市

C. 江苏省常州市　　D. 江苏省无锡市

491. 2000 年 11 月，劳动和社会保障部颁布（　），首次规定工资集体协商的程序。

A.《工资集体协商试行办法》　　B.《集体合同规定》

C.《工资集体协商条例》　　D.《工资集体协商暂行规定》

492. 2001 年 2 月，中华全国总工会印发《中华全国总工会关于加强新建企业工会组建工作的意见》，要求建立（　）的工作运行机制和活动方式。

A. 维护职工合法权益、营造向上企业氛围

B. 维护职工合法权益、竭诚服务职工群众

C. 维护职工合法权益、促进企业健康发展

D. 维护职工合法权益、打造优秀企业品牌

493. 2001 年 8 月 30 日至 31 日，全国工会（　）座谈会在西藏自治区拉萨市召开。

A. 援藏工作　　B. 志愿服务工作

C. 建设西藏工作　　D. 对口帮扶工作

494.（　），第九届全国人民代表大会常务委员会第二十四次会议对1992 年《中华人民共和国工会法》进行第一次修正。

A. 2001 年 9 月 27 日　　B. 2001 年 10 月 27 日

C. 2001 年 11 月 27 日　　D. 2001 年 12 月 27 日

495. 2001 年 11 月，全国总工会等部门联合下发了《关于进一步推行平等协商和集体合同制度的通知》，强调各类企业都应该建立平等协商机制，进一步完善集体合同制度，加强对（　）的保护。

A. 工会小组长　　B. 职工协商代表

C. 职工代表　　D. 工会主席

496. 2001 年新修改的《工会法》第六条规定“（　）是工会的基本职责”。

A. 维护职工合法权益　　B. 维护职工劳动权益

C. 服务好职工群众　　D. 保障职工民主权利

497. 2001 年 11 月 20 日至 21 日，全国贯彻实施《劳动法》《工会法》推进（　）工作经验交流会在江苏省南京市召开，尉健行就推行平等协商集体合同制度，提出六个坚持和三个必须的工作要求。

A. 用工协议　　B. 劳动合同

C. 集体合同、劳动合同　　D. 劳务合同

498. 2002年1月18日，中华全国总工会召开实施（　）工程10周年座谈会。

A. 送温暖　　B. 金秋助学

C. 送清凉　　D. 送岗位

499. 2002年，中华全国总工会与中国文联、中央电视台共同举办（　）。

A. 首届职工文艺节　　B. 首届职工阅读节

C. 首届职工美术节　　D. 首届职工艺术节

500. 2002年1月，天津市总工会建立全国首家（　），为困难职工提供信访接待、政策咨询、生活救助、就业帮扶、法律援助等“一条龙”服务。

A. 困难职工援助中心　　B. 困难职工援助服务站

C. 困难职工帮扶中心　　D. 困难职工帮扶服务站

501. 2002年1月，中华全国总工会召开十三届四次执委会议，强调一手抓调整（　）的建设，一手抓为职工群众办实事。

A. 平等协商　　B. 集体合同制度

C. 劳动关系机制　　D. 现代企业制度

502. 2002年3月1日，中华全国总工会印发《关于以贯彻实施修改后的〈工会法〉为契机，确保实现2002年（　）目标的通知》。

A. 工会组建　　B. 法律监督

C. 普遍开展工资集体协商　　D. 普遍签订劳动合同

503. 2002年6月，中华全国总工会在安徽合肥召开全国推进（　）及发挥作用工作座谈会。

A. 党委领导下的厂长负责制　　B. 新建企业工会组建

C.“职工书屋”建设　　D. 安全生产宣传教育培训工作

504. 2002 年 6 月印发的（　），第一次对厂务公开做出具体规定。

A.《中共中央、国务院关于深化国有企业改革的指导意见》

B.《企业民主管理规定》

C.《关于加强现代企业制度试点企业工会工作和职工民主管理的若干意见》

D.《中共中央办公厅、国务院办公厅关于在国有企业、集体企业及其控股企业深入实行厂务公开制度的通知》

505. 2002 年 8 月 13 日，中华全国总工会与（　）、中国企业联合会 / 中国企业家协会印发《关于建立健全劳动关系三方协调机制的指导意见》。

A. 法院　　B. 检察院

C. 民政部　　D. 劳动和社会保障部

506. 2002 年 11 月 8 日至 14 日，中国共产党（　）全国代表大会在北京召开。

A. 第十四次　　B. 第十五次

C. 第十六次　　D. 第十七次

507. 2002 年，全国总工会与中国文联、中央电视台共同主办（　）。同年 12 月 31 日，全国总工会办公厅下发《关于印发“五一”文化奖评选办法的通知），决定从 2003 年起实施“五一”文化奖评选活动。

A. 首届职工文化节　　B. 首届职工艺术节

C. 首届职工运动会　　D. 首届职工联谊会

508. 2003 年 4 月 10 日，中纪委、中组部、监察部、国资委、全国总工会在北京联合召开（　）电视电话会议，作出《关于表彰全国厂务公开工作先进单位的决定》。

A. 全国劳动法律监督检查工作　B. 北京市劳动法律监督检查工作

C. 全国厂务公开工作　D. 北京市厂务公开工作

509. 2003 年 8 月 7 日，中华全国总工会下发《中华全国总工会关于切实做好维护进城务工人员合法权益工作的通知》，要求各级工会要协同政府有关部门，重点解决（　）问题。

A. 高温补贴　B. 安全生产

C. 劳动保护用品发放　D. 拖欠和克扣进城务工人员工资

510. 2003 年 9 月 22 日至 26 日，中国工会第十四次代表大会在北京召开，鲜明地提出“一大批（　）成为工人阶级的新成员”。

A. 农民工　B. 新生代农民工

C. 进城务工人员　D. 建筑行业人员

511. 2003 年 9 月 25 日，中华全国总工会第十四届执委会举行第一次全体会议，对全国模范职工之家、（　）、全国优秀工会工作者、全国优秀工会积极分子、全国优秀荣誉工会积极分子进行了表彰。

A. 全国模范职工小家　B. 全国优秀职工小组

C. 全国模范职工团队　D. 全国先进职工集体

512. 2003 年 9 月 26 日，中国工会第十四次全国代表大会通过的《中国工会章程（修正案）》，突出工会的维护职能，使之上升到工会（　）的高度。

A. 基本职责　B. 基本任务

C. 中心任务　D. 发展中心

513. 2003 年 11 月，中华全国总工会推出首批职工文化示范基地，命名（　）为全国职工文学创作基地。

A. 北京市劳动人民文化宫　　B. 上海市工人文化宫

C. 西安铁路分局　　D. 青岛市工人文化宫

514. 2003 年 12 月，全国总工会十四届三次主席团（扩大）会议，明确了 2004 年工会工作的指导思想和两方面的重点工作。对这两方面重点工作，将其概括为八个字，即（　）。

A. “主动依法科学维权”　　B. “组织起来、切实维权”

C. “切实维护职工权益”　　D. “竭诚服务职工群众”

515. 上海液压泵厂的一线专家型工人（　），是被称为“工人专家”的全国劳动模范。

A. 李斌　　B. 孟泰

C. 许振超　　D. 王洪军

516. 中国中铁一局电力公司工人（　）是被誉为“知识型产业工人”“金牌工人”的全国劳动模范。

A. 付永伟　　B. 窦铁成

C. 孔祥瑞　　D. 孟泰

517. 中华全国总工会兼职副主席（　），曾任青岛港桥吊司机，先后七次刷新集装箱装卸世界纪录。

A. 孔祥瑞　　B. 李斌

C. 许振超　　D. 付永伟

518.（　）中央一号文件明确提出：“进城就业的农民工已经是产业工人的重要组成部分”。

A. 2002 年　　B. 2003 年

C. 2004 年　　D. 2005 年

519. 2004 年 1 月，劳动和社会保障部颁布（　），为工资集体协商提供保障底线。

A.《最低工资标准》　　B.《最低工资支付办法》

C.《最低工资规定》　　D.《工资保障条例》

520. 2004 年初，中华全国总工会与国家安全生产监督管理局联合下发《关于开展全国职工（　）知识普及教育活动的通知》。

A. 安全生产　　B. 劳动保护

C.〈职业病防治法〉　　D.〈安全生产法〉

521.（　），中国职工文化体育协会成立。该协会是经民政部批准，全国总工会领导下的群众性全国职工文化体育组织。

A. 2003 年 3 月 18 日　　B. 2004 年 3 月 18 日

C. 2005 年 3 月 18 日　　D. 2006 年 3 月 18 日

522. 2004 年 10 月 15 日，（　）在全国正式开通，进一步畅通工会联系职工群众渠道。

A. “12351” 职工维权热线

B. “12333” 劳动保障投诉咨询电话

C. “12351” 职工维权

D. “主席信箱”

523. 在（　）首次举办的“经济全球化与工会”国际论坛上，中国工会明确提出：“世界是丰富多彩的，不可能有统一的工会模式，各国工会有权根据本国国情和广大工人的意愿，选择本国工会的发展道路。各国工会应加强团结与合作，不分大小、一律平等，共同参与国际工运事务。”

A. 2003 年　　B. 2004 年

C. 2005 年　　D. 2006 年

524. 2004 年 12 月，中华全国总工会十四届二次执委会议提出（　）的工作方针。这一工作方针揭示了在社会主义市场经济条件下“建设什么样的工会、怎样建设工会”，对找准和把握工会在建立和谐稳定劳动关系中的定位提出要求。

A.“职工之家、排忧解难”　　B.“规范起来、全面推广”

C.“组织起来、切实维权”　　D.“公正合理、互利共赢”

525. 自 2005 年起，由中华全国总工会统一命名的（　）活动在全国工会系统开展，为缓解困难职工子女的上学问题发挥了积极的作用。

A. 金秋助学　　B. 送温暖工程

C. 帮农助农　　D. 阳光就业

526. 2005 年 6 月，中华全国总工会在（　）召开第一次全国工会信访工作会议。

A. 桂林　　B. 北京

C. 郑州　　D. 上海

527. 2005 年 7 月，中华全国总工会发出《关于动员全国职工为建设节约型社会作贡献的通知》，在全国范围开展（　）活动。

A.“我为国家作贡献”　　B.“人人节约作贡献”

C.“我为节约作贡献”　　D.“我为节约作工作”

528.（　），全国总工会十四届六次主席团会议通过《关于坚持走中国特色社会主义工会发展道路的决议》。

A. 2005 年 7 月 4 日　　B. 2006 年 7 月 4 日

C. 2007 年 5 月 4 日　　D. 2008 年 5 月 4 日

529.（　），中华全国总工会下发《全国工会实施〈信访条例〉办法》，这是工会信访工作史上第一个规范性文件。

A. 2003 年 8 月　　B. 2004 年 6 月

C. 2005 年 8 月　　D. 2006 年 1 月

530. 2005 年 9 月 15 日至 16 日，中华全国总工会在（　）召开全国工会维权机制建设经验交流会议，总结和推广社会化维权机制的经验与做法。

A. 浙江省宁波市　　B. 浙江省义乌市

C. 浙江省杭州市　　D. 江苏省南京市

531. 2005 年 12 月，中华全国总工会十四届三次执委会议作出《中华全国总工会关于加强（　）、切实维护职工合法权益、推动构建社会主义和谐社会的决定》。

A. 部门联动　　B. 协调劳动关系

C. 开展工资集体协商　　D. 推广“枫桥经验”

532.（　），《国务院关于解决农民工问题的若干意见》第一次把“农民工”概念写入国务院文件。

A. 2005 年 1 月 18 日　　B. 2006 年 1 月 31 日

C. 2007 年 9 月 20 日　　D. 2008 年 3 月 1 日

533. 2006 年 2 月，中华全国总工会发出《中华全国总工会关于在职工中广泛开展（　）竞赛活动的通知》。

A.“继往开来，与时俱进，全面建设小康社会”

B.“团结奋斗，建功‘十一五’”

C.“当好主力军，建功‘十一五’，和谐奔小康”

D.“全面建设小康社会，开创中国特色社会主义事业新局面”

534. 2006年5月23日，中华全国总工会联合教育部、劳动和社会保障部、文化部以及国家广电总局在北京举行（　）启动仪式。

A.“向农民工送文化行动”　B.“向农民工送技术行动”

C.“向广大职工送保险行动”　D.“向广大职工送图书行动”

535. 2006年7月，（　）晋江店职工依法成立在华的第一个外商投资企业工会，推动世界500强和其他一大批外商投资企业建立工会组织。

A. 戴尔　B. 柯达

C. 富士康　D. 沃尔玛

536. 2006年8月，四川（　）首批村级工会挂牌。

A. 成都　B. 达州

C. 阆中　D. 乐山

537. 2006年8月28日，全国工会干部（　）电视电话会议在北京召开。

A. 工会理论学习　B. 教育培训工作

C. 教育实践活动　D.“两学一做”活动

538. 2006年8月30日，中宣部、全国总工会、科技部、交通部、中共上海市委在北京人民大会堂举行（　）同志科技创新先进事迹报告会。

A. 洪刚　B. 赵东元

C. 包起帆　D. 李斌

539. 2006年10月，中共十六届六中全会通过《关于构建社会主义和谐社会若干重大问题的决定》，首次提出将（　）作为推进以改善民生为重点的社会建设、构建和谐社会的重要任务。

A. 建立劳动关系协调机制　　B. 调处劳动争议

C. 保障社会公平正义　　D. 发展和谐劳动关系

540. 2006 年 11 月，（　）建成首家工会“职工书屋”。

A. 江苏省镇江市　　B. 浙江省安吉市

C. 湖北省潜江县　　D. 河南省内黄县

541. 2006 年 12 月 8 日，全国总工会十四届十一次主席团（扩大）会议明确中国特色社会主义工会维权观的核心是（　）。

A. 以人为本，主动依法科学维权

B. 围绕中心，服务大局

C. 以职工为本，主动依法科学维权

D. 和谐发展、互利共赢

542. 2007 年 6 月，中华全国总工会与国家体育总局在上海联合主办全民健身与奥运同行——（　）。

A. 2007 年职工运动会

B. 2007 年全国职工足球大赛

C. 2007 年全国职工乒乓球大赛

D. 2007 年全国马拉松大赛

543. 从（　）起，各级工会开展“帮助农民工平安返乡行动”。

A. 2005 年　　B. 2006 年

C. 2007 年　　D. 2008 年

544. 全面开展创建“工人先锋号”活动始于（　）。

A. 2007 年　　B. 2008 年

C. 2009 年　　D. 2010 年

545. 长春一汽大众轿车一线工人（　），于 2007 年荣获国家科技进步奖二等奖，实现工人获得国家科技进步奖零的突破。

A. 李斌　　B. 窦铁成

C. 付永伟　　D. 王洪军

546. 2007年，为贯彻落实国务院《关于解决农民工问题的若干意见》，全国总工会提出要以发展和谐劳动关系为主线，进一步叫响“(　　)”的口号，确保为农民工办十件实事落到实处。

A. 农民工有困难找组织　　B. 农民工有困难找工会

C. 工会为农民工服务　　D. 工会是农民工之家

547. 2007年8月，中华全国总工会和国家发改委等联合下发《关于印发(　　)全民行动实施方案的通知》。

A. 低碳出行　　B. 节能减排

C. 绿色生活　　D. 杜绝浪费

548. (　　)，中国共产党第十七次全国代表大会在北京召开。

A. 2006年10月15日至20日　　B. 2007年9月8日至18日

C. 2007年10月15日至21日　　D. 2008年10月8日至18日

549. 2007年底，中华全国总工会书记处研究决定用(　　)时间在全国重点扶持建设3000个“职工书屋”示范点。

A. 三年　　B. 四年

C. 五年　　D. 十年

550. 2008年1月18日，中华全国总工会印发《关于开展全国工会(　　)建设的实施意见》。

A. “妈咪小屋”　　B. “职工书屋”

C. “司机之家”　　D. “玫瑰书屋”

551. 2008年3月，中华全国总工会开展(　　)活动。

A.“五讲四美活动月”　B.“全国职工节能减排活动月”

C.“植树造林活动月”　D.“助力企业可持续发展活动月”

552.（　），在十一届全国人大一次会议上，国务院总理温家宝在《政府工作报告》中明确提出，要“推动企业建立工资集体协商制度”，把“推动企业建立工资集体协商制度”上升到政府行政层面的具体要求，并写入《政府工作报告》，这在我国尚属首次。

A. 2005 年 3 月 5 日　B. 2006 年 3 月 5 日

C. 2007 年 3 月 5 日　D. 2008 年 3 月 5 日

553. 2008 年 4 月起，全国总工会和有关部门倾力打造弘扬劳模精神的电影（　），被中宣部列为庆祝新中国成立 60 周年献礼的影片，2009 年 4 月开始在全国公映。

A.《雷锋》　B.《铁人》

C.《焦裕禄》　D.《孔繁森》

554. 2008 年汶川特大地震发生后，四川绵阳启动全国工会（　），协调经济发达省市对受灾地区开展劳务对口协作，以帮助地震灾区因灾失去工作岗位的职工和农民工尽快就业再就业。

A. 劳务对口行动　B. 就业帮扶爱心行动

C. 灾后再创岗位行动　D. 就业再就业行动

555. 2008 年 6 月 11 日，中华全国总工会启动（　），积极推动跨国公司建会。

A. 推动世界 500 强在华企业建会入会行动

B.“广普查、深组建、全覆盖”建会集中行动

C. 农民工入会集中行动

D. 新就业形态劳动者入会集中行动

556. 2008 年 6 月 29 日，全国工会（　）在四川绵阳启动。

A. 组织劳模疗休养行动　　B.“尊法守法”普法宣传行动

C. 就业帮扶爱心行动　　D.《劳动法》宣传月

557. 2008 年 10 月 17 日至 21 日，（　）在北京召开。大会报告具体阐述坚持走中国特色社会主义工会发展道路、建设中国特色社会主义工会问题，要求全面把握“五个坚持”和“四个必须”。

A. 中国工会第十二次全国代表大会

B. 中国工会第十三次全国代表大会

C. 中国工会第十四次全国代表大会

D. 中国工会第十五次全国代表大会

558. 2009 年 2 月 17 日，中华全国总工会召开全国工会“千万（　）援助行动”电视电话会议。

A. 女职工　　B. 农民工

C. 未成年工　　D. 下岗职工

559. 2009 年 3 月 31 日至 4 月 3 日，中华全国总工会在山西阳泉召开全国工会基层组织建设暨县级工会工作会议，重点推广山西阳泉等地创造的在小型非公有制企业集中地域建立基层工会联合会或行业工会联合会、为联合会配备（　）的经验。

A. 工会委员　　B. 工会小组长

C. 兼职工会主席　　D. 专职工会主席

560. 2009 年 4 月 30 日，中华全国总工会发布《关于组织劳务派遣工加入工会的规定》，要求在劳务派遣工会员接受派遣期间，劳务派遣单位工会可以委托（　）工会代管。

A. 劳务市场　　B. 人才交流中心

C. 用工单位　　　　　　　　D. 用人单位

561. 2009 年，中华全国总工会推广（　）经验，大力推动建立基层工会联合会和聘用社会化工会工作者。

A.“强基层、补短板、增活力”

B.“广普查、深组建、全覆盖”

C.“双措并举，二次覆盖”

D.“两个普遍”

562. 2009 年 4 月，中华全国总工会设立专门的（　）工作机构，确保工会宣传战线不断扩大，提高网络舆论引导力。

A. 网络宣传　　　　　　　　B. 网络安全

C. 网络舆情　　　　　　　　D. 网络服务

563. 2009 年 5 月，中华全国总工会、中共中央党校、人民日报社、求是杂志社联合召开的理论与实践研讨会的主题是（　）。

A. 坚定不移地走中国特色社会主义工会发展道路

B. 新时代工会工作的创新与发展

C. 加强工会组织的凝聚力建设

D. 劳动关系和谐与社会稳定

564. 2010 年 2 月 23 日，王兆国在全国总工会第十五届五次主席团（扩大）会议上，首次提出（　）的概念和内涵。要求广泛宣传工人阶级的劳动创造和卓越功勋、宣传劳动模范的先进事迹和崇高精神，在全社会形成“工人伟大、劳动光荣”的浓厚氛围。

A. 劳模精神　　　　　　　　B. 中国工人伟大品格

C. 劳动精神　　　　　　　　D. 工匠精神

565. 2010 年 4 月 27 日，全国劳动模范和先进工作者表彰大会在人民大会堂隆重举行。全国劳动模范和先进工作者代表、一汽大众汽车有限公司轿车一厂焊装车间工长（　）宣读倡议书。

A. 王洪军　　B. 杜长益

C. 肖学文　　D. 伏军

566. 2010 年 5 月，人力资源和社会保障部、中华全国总工会、中国企业联合会 / 中国企业家协会联合下发（　），提出从 2010 年至 2012 年，力争用三年时间基本在各类已建工会的企业里实行集体合同制度。

A.《关于深入推进集体合同制度实施彩虹计划的通知》

B.《关于进一步推进平等协商和集体合同制度的通知》

C.《工资集体协商实施纲要》

D.《关于加强社会主义协商民主建设的意见》

567. 2010 年 7 月，全国总工会提出推动（　）重要部署，要求加快依法推动企业普遍建立工会组织的步伐。

A.“双爱双评”　　B.“会员评家”

C.“小三级”工会组建　　D.“两个普遍”

568. 2010 年 11 月，《人民日报》刊登《这里用和谐音符弹奏出美丽乐章——（　）构建和谐劳动关系调查》一文，充分说明企业的劳动关系和谐，员工就能体面劳动、尊严生活，推动企业快速健康发展。

A. 神火集团　　B. 传化集团

C. 中国传媒　　D. 中原油田

569. 2011 年 2 月，中华全国总工会制定印发（　），提出进一步做好新形势下劳模工作的“八点意见”。

A.《中华人民共和国全国劳模专项补助资金发放管理办法》

B.《关于加强劳动模范工作的意见》

C.《工伤保险条例》

D.《关于进一步做好劳动模范关心关爱工作的通知》

570. 2011 年，中华全国总工会开始实施（ ）活动，这是全国总工会为落实国家更加积极的就业政策而组织开展的一项品牌活动。

A.“全国工会就业援助月” B.“阳光就业”

C.“千万农民工援助行动” D.“技能培训促就业行动”

571. 2011 年 2 月，中华全国总工会开通由中华全国总工会主管、中华全国总工会组织部主办的（ ）在线学习平台，优化整合各种网络培训资源。

A. 全国工会干部学习网 B. 全国工会干部组织网

C. 全国工会干部轮训网 D. 全国工会干部教育培训网

572. 2011 年 6 月 2 日，全国工会干部教育培训工作会议在（ ）召开。

A. 北京 B. 上海

C. 苏州 D. 杭州

573. 2011 年 6 月 30 日，中华全国总工会举办的“（ ）——庆祝中国共产党成立 90 周年”图片展开幕式在北京国家博物馆举行。

A. 人民是真正的英雄 B. 永远跟党走

C. 重温辉煌历史 D. 放歌 90 年

574. 2011 年 7 月 28 日，中华全国总工会召开工会组织劳务派遣工入会工作现场经验交流会，强调要紧紧抓住（ ）这一重点领域和重点单位，强化以点带面，下大力气推进劳务派遣工加入工会组织。

A. 国有企业 B. 事业单位

C. 非公有制企业　　D. 世界 500 强企业

575. 2011 年，在瑞士日内瓦举行的第 100 届国际劳工大会上，中国工会代表、中华全国总工会书记处书记（　），成功当选国际劳工组织理事会工人正理事。

A. 段敦厚　　B. 江广平

C. 谭天星　　D. 王少峰

576. 2011 年 11 月 15 日，中华全国总工会召开全国工会（　）视频会议。

A. 职工思想政治引领工作　　B. 困难职工解困脱困工作

C. 职工思想政治工作　　D. 职工就业促进工作

577. 2012 年 1 月 8 日，全国总工会十五届六次执委会通过《关于学习宣传实践中国特色社会主义工会发展道路的决议》，决议对中国特色社会主义工会发展道路的科学内涵即（　）个坚持，作深刻阐述。

A. 五　　B. 六

C. 七　　D. 八

578. 2012 年，中华全国总工会启动企业工会“双亮”活动，以破解（　）难题，推动其规范化建设，叫响做实“职工有困难找工会”。

A. 基层工会建设　　B. 非公企业工会建设

C. 民主管理　　D. 厂务公开

579.“两个普遍”提出后，各级工会通过（　）行动，不断提高建会工作实效。

A.“培育典型、推广经验”　　B.“帮扶工作常态化”

C.“广普查、深组建、全覆盖”　　D.“快速发展、稳步提高”

580. 2012年，中央纪委、中华全国总工会等单位联合发布（ ），全面规范以职工代表大会为基本形式的企业民主管理制度。

A.《基层工会工作暂行条例》

B.《关于规范召开企业职工代表大会制度的意见》

C.《企业民主管理规定》

D..《关于加强现代企业制度试点企业工会工作和职工民主管理的若干意见》

581. 2012年3月，中华全国总工会制定《2012—2014年推进职工法律援助工作规划》，提出到2013年底，县区级工会建立职工法律援助机构的要达到（ ），每万名职工配有专兼职法律援助工作者和志愿者3.5人，到2014年底配有4人。

A. 80%　　B. 85%以上

C. 90%　　D. 100%

582. 2012年5月，中华全国总工会印发《中华全国总工会关于加强（ ）集体协商指导员队伍建设的意见》，要求县级以上地方各级工会聘用专职集体协商指导员，为工资集体协商工作提供人才支持。

A. 兼职　　B. 专职

C. 全职　　D. 专业

583. 从（ ）开始，全国厂务公开协调小组指导各地在全国企事业单位中广泛开展"公开解难题、民主促发展"主题活动。

A. 2012年　　B. 2013年

C. 2014年　　D. 2015年

584. 2012年各级工会开展（ ）活动，县以上工会领导机关干部深入企业，企业工会干部深入车间、班组，倾听职工意见、反映职工诉求，实打实地为职工和企业服务，出实招、办实事。

A.“送温暖”

B.“彩虹助力”

C.“面对面、心贴心、实打实服务职工在基层”

D.“救助、维权、服务一体化”

585. 2012 年 11 月 8 日至 14 日，中国共产党（　）在北京召开。

A. 第十六次全国代表大会　　B. 第十七次全国代表大会

C. 第十八次全国代表大会　　D. 第十九次全国代表大会

586. 2012 年 11 月 21 日，中华全国总工会召开“学习贯彻党的十八大精神，总结党的十六大以来工会工作成就”座谈会，提出坚持把（　）放在首位，加强理论武装，推进理论创新。

A. 职工权益维护工作　　B. 思想理论建设

C. 工会组织体制改革　　D. 工运事业创新发展

587. 中国梦的首次阐释地点是（　）。

A. 国家博物馆“复兴之路”展览

B. 中国人民革命军事博物馆

C. 首都博物馆

D. 中国国家图书馆

588. 被誉为“老人的拐杖，盲人的眼睛，外地人的向导，病人的护士，群众的贴心人”，曾任北京市公交总公司公汽一公司售票员，在平凡的岗位上奉献自我、服务乘客的全国劳动模范是（　）。

A. 王涛　　B. 李黄玺

C. 王启民　　D. 李素丽

589. 2013 年 2 月 28 日至 3 月 1 日，中华全国总工会召开十五届七次执委会议，通过了《关于深入学习贯彻党的十八大精神，坚定不移走中国特色社会主义工会发展道路，团结动员广大职工为全面建成小康社会（　）的决议》。

A. 努力奋斗　　B. 贡献力量

C. 建功立业　　D. 拼搏进取

590. 2013 年 3 月至 8 月，（　）全国职工微博大赛举行。大赛采用微直播、随手拍等广大青年职工喜爱的方式，以表现普通职工生活工作中的感人细节为主要内容，在全社会营造“尊重劳动、尊重知识、尊重人才、尊重创造”良好氛围。

A. 劳动我最美　　B. 劳动最光荣

C. 劳动最美丽　　D. 劳动创造美

591.（　），中华全国总工会印发《中华全国总工会关于开展“中国梦·劳动美”主题宣传活动的意见》，要求各级工会通过宣讲报告、媒体宣传、文化活动等方式，面向基层、面向职工，全方位、多层次、多角度深入开展“中国梦·劳动美”主题宣传活动。

A. 2013 年 4 月 1 日　　B. 2013 年 5 月 1 日

C. 2013 年 6 月 1 日　　D. 2013 年 7 月 1 日

592.（　），习近平总书记亲临中华全国总工会机关，看望全国劳动模范代表，与大家亲切座谈，同庆“五一”节，共话中国梦，并在听取劳模们发言后发表重要讲话。

A. 2013 年 4 月 28 日　　B. 2013 年 5 月 1 日

C. 2013 年 7 月 15 日　　D. 2013 年 10 月 23 日

593. 2013 年，全国总工会要求各级工会加大对组建工作的投入，在配强工会干部、加强分类指导、创新组织形式等方面下功夫，组织开展（　）。

A. 劳务派遣工企业建会、劳务派遣工入会集中行动

B. 推动“投产 5 年以上、职工 50 人以上未建会企业”集中建会行动

C. 农民工入会集中行动

D.“强基层、补短板、增活力”行动

594. 中国工会第十六次全国代表大会于 2013 年 10 月 18 日至 22 日在北京人民大会堂开幕。大会报告明确提出为（　）而奋斗，是中国工人运动的时代主题。

A. 实现共同富裕

B. 实现中华民族伟大复兴的中国梦

C. 全面建成小康社会

D. 社会和谐人民幸福

595. 参加中国工会十六大的 1980 名代表中，（　）610 名，与中国工会十五大相比，增加 69 名，提高 0.7 个百分点。

A. 企业管理人员　　B. 基层工会工作者

C. 技术工人　　D. 少数民族代表

596. 2013 年 10 月 23 日，习近平总书记在中南海同中华全国总工会新一届领导班子成员集体谈话并发表重要讲话，强调工会要坚持正确（　），牢牢把握为实现中华民族伟大复兴的中国梦而奋斗的我国工运时代主题，做好维护职工群众切身利益工作，在坚持党的群众路线、密切联系职工群众方面作表率。

A. 政治原则　　B. 政治方向

C. 政治方针　　D. 优良传统

597. 2013 年 12 月 24 日，中华全国总工会召开十六届二次执委会议，

通过《关于认真学习贯彻党的十八届三中全会精神，团结动员广大职工（　）的决议》。

A. 为实现四个现代化作贡献　　B. 为精准扶贫作贡献

C. 为建成小康社会作贡献　　D. 为全面深化改革作贡献

598. 2014 年 2 月 22 日，中华全国总工会办公厅印发《关于开展加强基层工会（　）调研活动的通知》。

A. 建设问题　　B. 资金问题

C. 人员调配　　D. 机制建设

599. 2014 年 3 月 1 日，（　）正式实施。明确规定用工单位应当向被派遣劳动者提供与工作岗位相关的福利待遇，不得歧视被派遣劳动者。

A.《劳务派遣管理规定》　　B.《劳务派遣暂行规定》

C.《劳务派遣暂行条例》　　D.《劳务派遣实施条例》

600. 2014 年 3 月 4 日，习近平总书记给“（　）爱心团队”回信，强调我国工人阶级应该为全社会学雷锋、树新风作出榜样，让学习雷锋精神在祖国大地蔚然成风。

A. 徐振超　　B. 郭明义

C. 徐虎　　D. 邱娥国

601. 2014 年 3 月，（　）增补为全国社会救助部际联席会议成员单位。

A. 国务院　　B. 全国总工会

C. 教育部　　D. 人力资源和社会保障部

602. 2014 年 4 月 23 日，中宣部、全国总工会首次共同发布（　），大力弘扬劳模精神、劳动精神、工匠精神，激励广大职工奋进新征程、建功新时代。

A. 最美女工　　B. 最美农民工

C. 最美工人　　D. 最美职工

603. 2014 年 4 月 30 日，习近平总书记在乌鲁木齐接见劳动模范和先进工作者、先进人物代表，在座谈讲话中首次提出（　）。

A. 劳模精神　　B. 劳动精神

C. 工匠精神　　D. 建党精神

604. 2014 年，全国总工会女职工委员会在全国启动（　）女职工哺乳室建设工作，有效维护哺乳期女职工特殊劳动保护权益。

A. “私密空间”　　B. “四点半课堂”

C. “爱心妈咪小屋”　　D. “女职工彩虹计划”

605. 2014 年 9 月 8 日，习近平总书记在中华全国总工会党组《关于落实习总书记重要指示加强基层工会建设调研情况的报告》上作出重要批示，提出（　）。

A. “两个普遍”　　B. “三个着力”

C. “五个坚决”　　D. “八个坚持”

606. 2014 年 10 月 20 日至 23 日，中国共产党十八届四中全会举行，审议通过《中共中央关于（　）若干重大问题的决定》。

A. 全面建成小康社会　　B. 全面深化改革

C. 全面推进依法治国　　D. 推进全面从严治党

607. 2014 年 12 月，中华全国总工会十六届三次执委会审议通过《中华全国总工会关于贯彻落实党的十八届四中全会精神大力推进（　）的实施意见》。

A. 工会工作法治化建设　　B. 工会工作法制化建设

C. 基层工会组织建设　　D. 工会法律监督

608. 中共中央印发《关于加强社会主义协商民主建设的意见》的时间是（　）。

A. 2014 年 1 月　　B. 2015 年 1 月

C. 2016 年 1 月　　D. 2017 年 1 月

609. 2015 年 3 月，中共中央、国务院发布（　），对构建中国特色和谐劳动关系进行顶层设计和总体部署。

A.《关于构建和谐劳动关系的办法》

B.《关于和谐劳动关系的构建办法》

C.《关于构建和谐劳动关系的意见》

D.《关于构建中国特色和谐劳动关系的意见》

610. 2015 年 4 月 29 日，纪念中华全国总工会成立（　）周年大会在京举行。中华全国总工会主席李建国作题为《发扬优良传统，锐意改革创新，在“四个全面”伟大实践中续写中国工会新篇章》的讲话。

A. 80　　B. 85

C. 90　　D. 95

611. 2015 年“五一”以来，中华全国总工会与中央电视台深度合作推出（　）系列报道，通过讲述我国一线技术工人匠心筑梦的故事，弘扬工匠精神，礼赞劳动创造。

A. 大国工匠　　B. 劳模风采

C. 素质工程　　D. 能工巧匠

612. 2015 年 7 月 6 日至 7 日，（　）在北京召开。习近平总书记在会上发表重要讲话时指出做好群众工作，保持党同人民群众的血肉联系是当前全党重大而紧迫的政治任务。

A. 中央经济工作会议　　　　B. 中共中央政治局会议

C. 中央党的群团工作会议　　D. 中共中央工作会议

613. 2015年9月，习近平总书记在北京全球妇女峰会发表（　）为主题的重要讲话，为推动妇女领域国际发展合作提供行动指南。

A.“携手全球女性 共建共享美好世界”

B.“促进妇女全面发展 共建共享美好世界”

C.“全面发展 女性地位稳步提升”

D.“携手并进 同全球女性共发展”

614. 2015年11月9日，中央全面深化改革领导小组第十八次会议审议通过《全国总工会改革试点方案》，提出深化工会改革的总体思路是（　）。

A. 增“三性”、去“四化”、强基层、促发展

B. 增“三性”、去“四化”、强基层、促创新

C. 增“四性”、去“四化”、强基层、促发展

D. 增“三性”、去“四化”、强组织、促创新

615. 2015年12月，按照《全国总工会改革试点方案》的要求，各驻会全国产业工会常委会成员中增设（　）兼职副主席。

A. 1名　　　　B. 2名

C. 3名　　　　D. 4名

616. 2016年1月16日至17日，中华全国总工会召开十六届四次执委会议，将（　）作为重点工作进行全面部署。

A. 城市困难职工解困脱困

B. 参与打赢农村贫困人口脱贫攻坚战

C. 加强基层工会组织建设

D. 加强县级工会建设

617. 2016 年 1 月 17 日，全国总工会十六届四次执委会闭幕。全国劳动模范巨晓林当选全国总工会兼职副主席，这是第一次由（　）当选该职。

A. 农民工　　B. 劳务派遣工

C. 技师　　D. 高级技师

618. 2016 年 3 月全国两会期间，（　）首次被写入政府工作报告。

A.“劳动精神”　　B.“焦裕禄精神”

C.“工匠精神”　　D.“红旗渠精神”

619. 根据《全国总工会改革试点方案》，全国总工会对机关职能和机构设置进行整合优化，新成立网络工作部和（　）。

A. 权益保障部　　B. 社会联络部

C. 基层工作部　　D. 经济技术部

620.（　），为认真贯彻落实中央党的群团工作会议精神，推动工会改革向基层延伸，上海市总工会以宝山区顾村镇等为试点单位开展非公有制企业工会改革试点工作。

A. 2016 年 1 月　　B. 2016 年 7 月

C. 2017 年 1 月　　D. 2017 年 6 月

621. 2017 年初，（　）正式发布实施，提出工会网上工作的指导思想、基本原则、目标任务和保障支持措施。

A.《全国工会网上工作纲要（2017—2020 年）》

B.《工会 + 互联网工作纲要》

C.《中共中央关于加强和改进党的群团工作的意见》

D.《工会网信工作纲要》

622. 2017 年 4 月 14 日，中共中央、国务院印发（　），党和国家首次对推进产业工人队伍建设改革作出重要部署。

A.《新时期产业工人队伍建设改革方案》

B.《新时期产业工人队伍建设实施方案》

C.《中共中央关于深化党和国家机构改革的决定》

D.《深化党和国家机构改革方案》

623. 2017 年 5 月，国务院办公厅印发（　），明确职工代表大会是公司治理结构中的重要组成部分。

A.《中华全国总工会关于推行企业集团职工代表大会制度的意见》

B.《中华人民共和国企业国有资产法》

C.《国务院办公厅关于进一步完善国有企业法人治理结构的指导意见》

D.《国务院关于国有企业发展混合所有制经济的意见》

624. 2017 年 8 月 22 日，习近平总书记对（　）工作作出重要指示。

A. 群团改革　　B. 农民工工作

C. 产业工人队伍建设改革　　D. 构建和谐劳动关系

625. 2017 年 9 月 5 日，中华全国总工会（　）召开。学习习近平总书记关于党的群团工作和群团改革重要指示精神，围绕推动贯彻落实《新时期产业工人队伍建设改革方案》进行深入讨论。

A. 十五届二次执委会

B. 第十六次全国代表大会

C. 全国工会思想政治工作视频会议

D. 十六届六次执委会议

626. 2017 年 10 月 18 日至 24 日，中国共产党第十九次全国代表大会召开，确立（　）在全党的指导地位。

A. 坚持马克思列宁主义指导自己实践活动的理论原则和思想原则

B. 习近平新时代中国特色社会主义思想

C. 实事求是，在实践中检验真理和发展真理

D. 坚持发展是硬道理

627. 2018 年 1 月 12 日至 13 日，中华全国总工会召开十六届七次执委会议，号召全国各级工会组织和广大工会干部，全面学习贯彻党的十九大精神，以（　）为指导，不忘初心、牢记使命，凝心聚力、砥砺前行。

A. 坚持增强政治性、先进性、群众性的工会改革方向

B. 中国特色社会主义工会发展道路

C. 习近平新时代中国特色社会主义思想

D. 习近平总书记关于工人阶级和工会工作的重要论述

628. 2018 年 3 月，中华全国总工会十六届八次执委会议召开，选举全国人大常委会副委员长（　）为中华全国总工会主席。

A. 王东明　　B. 李玉赋

C. 张工　　D. 张少琴

629. 2018 年 3 月，中共中央办公厅、国务院办公厅印发《关于加强和改进新时代产业工人队伍（　）工作的意见》。

A. 思想引领　　B. 思想政治

C. 继续教育　　D. 薪酬待遇

630. 2018 年，中华全国总工会印发《推进货车司机等群体入会工作方案》，联合交通运输部开展（　）建设试点。

A.“司机之家”　　B.“司机休息室”

C.“货车司机之家”　　　　　　D.“司机关怀”

631. 2018 年 4 月 30 日，习近平总书记给（　）回信，高度肯定劳动模范为党和国家事业发展作出的突出贡献。

A. 全国五一劳动奖章获得者

B. 中国劳动关系学院优秀学员

C. 中国劳动关系学院劳模工匠班学员

D. 中国劳动关系学院劳模本科班学员

632. 2018 年 10 月 22 日至 26 日，中国工会第十七次全国代表大会在北京人民大会堂胜利召开。大会的主题：以习近平新时代中国特色社会主义思想为指导，坚持走中国特色社会主义工会发展道路，（　），为决胜全面建成小康社会、夺取新时代中国特色社会主义伟大胜利而奋斗。

A. 坚持工人阶级领导地位　　　　B. 忠诚党的事业

C. 竭诚服务职工　　　　　　　　D. 团结动员亿万职工

633. 中国工会十七大报告用“八个坚持”对习近平总书记关于工人阶级和工会工作的重要论述进行概括，其中（　）是做好工会工作的政治原则和根本保证。

A. 坚持党对工会工作的领导

B. 坚持中国特色社会主义工会发展道路

C. 坚持高举维护职工合法权益旗帜

D. 坚持增强政治性、先进性、群众性的工会改革方向

634. 中国工会十七大修订的《中国工会章程》，在中国工会的基本职责中增写（　）内容。

A. 维护职工合法权益　　　　　　B. 竭诚服务职工群众

C. 保障职工权利　　　　　　　D. 忠诚党的事业

635. 2018年10月29日，习近平总书记在中南海同中华全国总工会新一届领导班子成员集体谈话时强调，我国工运事业是党的事业的重要组成部分，工会工作是党治国理政的一项（　）工作。

A. 经常性、长期性　　　　　　B. 长期性、战略性

C. 经常性、基础性　　　　　　D. 战略性、基础性

636. 2018年10月31日，中华全国总工会发出《中华全国总工会关于认真学习宣传贯彻习近平总书记重要讲话精神，完成好（　）目标任务的通知》。

A. 中国工会十六大

B. 中国工会十七大

C. 工会工作“十三五”发展规划

D. 工会工作“十四五”发展规划

637. 2019年4月29日，（　）正式挂牌成立，这是我国高校首次设立劳模学院。

A. 中国劳动关系学院劳模学院

B. 中国人民大学劳模学院

C. 中国科学技术大学劳模学院

D. 北京市工会干部学院劳模学院

638. 2019年10月28日至31日，中国共产党十九届四中全会在北京召开，审议通过（　）。

A.《深化党和国家机构改革方案》

B.《中共中央关于深化党和国家机构改革的决定》

C.《中共中央关于修改宪法部分内容的建议》

D.《中共中央关于坚持和完善中国特色社会主义制度、推进国家治理体系和治理能力现代化若干重大问题的决定》

639. 2020 年，面对突如其来的新冠疫情，我国工人阶级和广大劳动群众响应党中央号召，风雨同舟、众志成城，积极投身（　）的人民战争、总体战、阻击战，为全国抗疫斗争取得重大战略成果、统筹疫情防控和经济社会发展工作取得积极成效作出突出贡献。

A. 汶川地震　　B. 天津滨海新区爆炸事故处理

C. 疫情防控　　D. 灾区救援

640. 2020 年 4 月，中华全国总工会十七届三次执委会议召开，要求各级工会要深入学习贯彻习近平总书记重要讲话精神和党中央决策部署，贯彻党的十九届四中全会精神，团结动员职工为统筹推进（　）充分发挥主力军作用。

A. 全面建设小康社会

B. 全面建成小康社会

C. 疫情防控和经济社会发展

D. 建设社会主义现代化强国

641. 2020 年 5 月 28 日，十三届全国人大三次会议审议通过（　），它的颁布实施为工会履行维权服务基本职责提供强大法律武器。

A.《中华人民共和国民法通则》　B.《中华人民共和国民法总则》

C.《中华人民共和国民法》　D.《中华人民共和国民法典》

642. 2020 年 6 月，扎根一线多年的铸造工人张剑云通过（　）的评审，成为企业“产业工人队伍建设改革”试点成果的首批受益者。

A. 高级技师　　B. 高级工程师

C. 高级技工　　D. 高级铸造师

643. 2020 年 10 月 26 日至 29 日，中国共产党（　）召开，审议通过《中共中央关于制定国民经济和社会发展第十四个五年规划和二〇三五年远景目标的建议》。

A. 十九届四中全会　　B. 十九届五中全会

C. 第十八次全国代表大会　　D. 第十九次全国代表大会

644. 2020 年 10 月 29 日，中国国防邮电工会举行“快递员万人网上集中入会仪式”，北京、江苏、湖北等（　）个会场的万名快递员在网上同步举行入会仪式成为工会会员。

A. 50　　B. 100

C. 150　　D. 200

645. 2020 年 11 月 24 日，习近平总书记在全国劳动模范和先进工作者表彰大会上强调，立足新发展阶段，贯彻新发展理念，构建新发展格局，推动高质量发展，必须紧紧依靠（　）。

A. 工人阶级和广大劳动群众　　B. 工人阶级和农民阶级

C. 各级工会　　D. 群团组织

646. 2020 年 12 月 24 日，《工人日报》刊发“全国总工会（　）工作五年（2016—2020 年）规划目标任务完成”。

A. 城镇职工　　B. 灵活就业人员

C. 高校毕业生　　D. 农民工

647. 2021 年 2 月 4 日，中华全国总工会十七届四次执委会议在北京召开，审议通过组织动员广大职工为实现“十四五”规划和（　）年远景目标建功立业的决议。

A. 2035　　B. 2040

C. 2031　　D. 2050

648. 2021 年 4 月 6 日，（ ）成立 100 周年纪念大会在广州市第一次全国劳动大会旧址召开。

A. 中国海员工会　B. 黄河水手工会

C. 中国铁路工会　D. 中国金融工会

649. 2021 年 4 月 27 日，庆祝“五一”国际劳动节暨“建功‘十四五’、奋进新征程”主题（ ）动员大会在人民大会堂隆重举行。

A. 技术比武　B. 劳动和技能竞赛

C. 劳模表彰　D. 优秀作品展览

650. 2021 年 4 月 30 日，在“五一”国际劳动节到来之际，习近平总书记代表党中央，向全国广大（ ）致以节日的祝贺和诚挚的慰问。

A. 人大代表　B. 政协委员

C. 劳动群众　D. 妇女儿童

651. 2021 年 5 月 1 日，中华全国总工会印发（ ），动员广大职工群众建功新时代、奋进新征程。

A.《关于学习宣传贯彻习近平总书记重要指示精神的通知》

B.《王东明在全总十七届五次执委会议上的讲话》

C.《到基层去，到职工身边去》

D.《党的十八大以来工会工作成就经验》

652. 2021 年 5 月 9 日，中华全国总工会、中共上海市委在上海联合召开纪念（ ）成立 100 周年座谈会，总结回顾党早期领导工人运动的经验启示，从光辉历史中汲取奋进力量，推动新时代党的工运事业创新发展。

A. 中国劳动组合书记部　B. 上海机器工会

C. 上海海员工会　D. 上海市总工会

653. 2021 年 5 月 11 日，中华全国总工会召开机关干部（　）活动动员大会，强调通过蹲点活动，密切联系职工群众，真正发挥工会作为党联系职工群众的桥梁纽带作用，夯实党长期执政的阶级基础和群众基础。

A. 赴县区工会蹲点　　B. 赴乡镇工会蹲点

C. 赴基层工会蹲点　　D. 赴基层蹲点

654. 2021 年 5 月 31 日，城市困难职工（　）总结表彰会在北京召开。

A. 再就业　　B. 社会保障工作

C. 大病补助工作　　D. 解困脱困工作

655. 2021 年 6 月 3 日至 19 日，第十九届国际劳工大会中国工会代表当选国际劳工组织理事会（　）。

A. 工人正理事　　B. 雇主副理事

C. 雇主正理事　　D. 工人副理事

656. 2021 年 7 月 1 日，庆祝中国共产党成立 100 周年大会在北京天安门广场隆重举行。中国共产党百年华诞之际首次颁授“七一勋章”，（　）等 11 位劳动模范获此殊荣。

A. 黄宝妹　　B. 柴云振

C. 马毛姐　　D. 陆元九

657. 2021 年 7 月 19 日，中华全国总工会党组理论学习中心组在北京（　）开展集体学习活动，进一步推动党史学习教育走深走实。

A. 中国人民革命军事博物馆　　B. 长辛店二七纪念馆

C. 中国人民抗日战争纪念馆　　D. 香山革命纪念馆

658. 2021 年 7 月 21 日，中华全国总工会制定并发布（　），从加强职工思想政治引领、深化产业工人队伍建设改革等 9 个方面，对工会重点工作进行谋划部署。

A.《中国工运事业和工会工作“十三五”发展方案》

B.《中国工运事业“十四五”发展计划》

C.《工会工作“十四五”发展纲要》

D.《中国工运事业和工会工作“十四五”发展规划》

659. 2021 年 7 月 16 日，全国总工会与人力资源和社会保障部等 8 部门联合制定《关于维护新就业形态劳动者劳动保障权益的指导意见》，明确个人依托平台自主开展经营活动，从事自由职业等按照（　）调整双方的权利义务。

A. 民事法律　　B. 经济法律

C. 劳动法律　　D. 行政法律

660. 2021 年 10 月 28 日，非公快递企业职工网上集中入会仪式在（　）举行。在北京、河北、内蒙古等 100 多个会场，5 万多名快递员在网上集中宣誓同步加入工会。

A. 浙江省桐庐县　　B. 广东省广州市

C. 湖北省武汉市　　D. 北京市

661. 2021 年 12 月 24 日，十三届全国人大常委会第三十二次会议通过《关于修改〈中华人民共和国工会法〉的决定》，新修改的《工会法》自（　）起施行。

A. 2022 年 1 月 1 日　　B. 2022 年 1 月 10 日

C. 2022 年 3 月 1 日　　D. 2022 年 5 月 1 日

662. 2022 年 1 月 29 日，中华全国总工会第十七届执行委员会第五次全体会议以电视电话会议形式召开，传达学习中央书记处听取（　）后的重要指示精神。

A. 疫情防控工作总结　　B. 群团组织工作汇报

C. 工会基层蹲点工作汇编　　D.“户外劳动者驿站”建设情况

663. 2022 年 4 月 27 日，首届（　）开幕。习近平总书记向大会发来贺信，向大会的举办表示热烈的祝贺，并代表党中央向广大技能人才和劳动模范致以诚挚的问候，向广大劳动群众致以节日的祝贺。

A. 博鳌亚洲论坛　　B. 中国经济社会论坛

C. 大国工匠创新交流大会　　D. 职工运动会

664. 2022 年 6 月 28 日，中华全国总工会（　）第六次全体会议召开，强调各级工会要紧紧围绕迎接党的二十大、学习宣传贯彻党的二十大精神这个大局、这条主线，把思想和行动统一到党中央决策部署上来。

A. 第十六次全国代表大会　　B. 第十七次全国代表大会

C. 第十六届执行委员会　　D. 第十七届执行委员会

665. 2022 年 7 月 13 日，第十一届（　）以视频形式在北京举行。金砖国家工会的领导人与专家学者、劳动模范代表、驻海外中资企业外籍员工代表，围绕“深化伙伴关系、共创美好未来”这一主题展开深入交流、深化合作。

A. 劳动关系论坛

B. 金砖国家工会论坛

C. 数字零工的劳动体验

D.“一带一路”国际合作高峰论坛

666. 2022 年 9 月 2 日，以“匠心逐梦 · 强国有我”为主题的首届（　）在湖南省长沙市隆重举行。

A. 大国工匠论坛　　B. 工匠论坛

C. 工人论坛　　D. 匠心论坛

667. 2022 年 10 月 2 日，习近平总书记给（　）全体地质工作者回信，对他们弘扬优良传统、做好矿产勘查工作提出殷切期望。

A. 中国煤炭地质总局　　B. 中国地质调查局

C. 山东省地矿局第六地质大队　　D. 山东省地质局生态地质大队

668. 2023 年 1 月 3 日，人力资源社会保障部、中华全国总工会、中国企业联合会 / 中国企业家协会和中华全国工商业联合会等部门协调劳动关系三方发布（　），在更大范围、更广层次、更多内容上不断丰富和发展和谐劳动关系创建实践。

A.《工会参与劳动争议处理办法》

B.《推进社会组织建会专项行动方案》

C.《关于推进新时代和谐劳动关系创建活动的意见》

D.《关于开展县域农民工市民化质量提升行动的通知》

669. 2023 年 1 月 12 日，中华全国总工会印发《关于推进新就业形态劳动者权益协商协调机制建设工作的通知》，以（　）为重点推动建立协商协调机制。

A. 巾帼标兵　　B. 网约车司机

C. 货车司机　　D. 12 家头部平台企业

670. 2023 年 4 月 27 日，庆祝"五一"国际劳动节暨全国五一劳动奖和（　）表彰大会在北京人民大会堂举行。

A. 大国工匠　　B. 全国工人先锋号

C. 全国五一标兵　　D. 先进工作者

671. 2023 年 4 月，中央宣传部、全国总工会联合发布 2023 年（　）先进事迹。

A.“最佳职工” B.“最美职工”

C.“职业道德模范” D.“爱心职工”

672. 2023 年 6 月 13 日，全国新就业形态劳动者工会工作推进会暨（　）启动仪式以电视电话会议形式召开。

A.“三年行动” B.“五年行动”

C.“县级工会加强年” D.“基层工会蹲点”

673. 2023 年 6 月 15 日，全国总工会在浙江杭州召开全国工会职工教育工作座谈会暨（　）工作推进会，把工会职工教育工作融入工会大宣传工作格局，融入党委领导的大教育工作格局。

A. 劳模工匠进校园 B. 劳模进企业

C. 劳模与企业共建 D. 劳模工匠学院建设

674. 2023 年 6 月 30 日至 7 月 1 日，中华全国总工会与国家卫健委在浙江省杭州市共同召开全国用人单位（　）工作现场推进会。

A. 爱心托育 B. 婴幼儿养育

C. 爱心托管 D. 托育服务

675. 2023 年 7 月 10 日，中华全国总工会在北京举行“工会小站 贴心大爱”工会服务站点（　）发布会暨启动仪式。

A. 全方位服务 B. 双 15 工程

C. 双一流工程 D. 十五工程

676. 2023 年 7 月 28 日，由中华全国总工会、中共北京市委、北京市人民政府共同主办的第二届大国工匠创新交流大会暨（　）在北京展览馆开幕。以“匠心筑梦 技能报国”为主题，为广大工匠人才切磋技艺、交流经验、提升技能搭建平台。

A. 大国工匠论坛 B. 技能人才论坛

C. 劳动关系论坛　　　　D. 工会主席论坛

677. 2023 年 9 月 11 日，由中共中央党史和文献研究院编辑的（　）出版发行。《论述摘编》分 8 个专题，摘自习近平同志 2012 年 11 月 15 日至 2023 年 7 月 7 日期间的报告、讲话、说明、贺信、回信、指示、批示等 70 多篇重要文献。

A.《习近平关于注重家庭家教家风建设论述摘编》

B.《习近平总书记关于工人阶级和工会工作的重要论述》

C.《习近平关于工人阶级和工会工作论述摘编》

D.《习近平关于党的群众路线教育实践活动论述摘编》

678. 全国总工会启用全总本级“12351”职工维权服务热线呼叫中心，并宣布全国工会“12351”职工维权服务热线上线试运行的时间是（　）。

A. 2022 年 9 月 27 日　　　　B. 2023 年 9 月 27 日

C. 2024 年 9 月 27 日　　　　D. 2025 年 9 月 27 日

679. 2023 年 11 月 8 日，外卖配送员（　）专项服务活动在浙江省杭州市余杭区新就业群体党群服务中心启动。

A. 职业技能提升　　　　B. 心理健康

C. 交通安全培训　　　　D. 法律权益保障

680.（　），中华全国总工会第十八次全国代表大会在北京召开。

A. 2022 年 10 月 9 日至 12 日　　　　B. 2023 年 5 月 9 日至 10 日

C. 2023 年 10 月 9 日至 12 日　　　　D. 2023 年 12 月 1 日至 10 日

681. 2023 年 10 月 12 日，中华全国总工会第十八届执行委员会召开第一次全体会议，选举（　）为中华全国总工会主席。

A. 王东明　　　　B. 徐留平

C. 金善文　　D. 朱建平

682. 2023 年 10 月 23 日，习近平总书记在中南海同中华全国总工会新一届领导班子成员集体谈话时强调，要坚持全心全意依靠工人阶级的根本方针，充分调动广大职工群众的积极性、主动性、创造性，积极投身全面推进（　）的伟大事业。

A. 全体人民共同富裕　　B. 建设社会主义现代化强国

C. 党的中心任务而团结奋斗　　D. 强国建设、民族复兴

683. 2023 年 11 月 17 日，（　）中华全国总工会旧址纪念馆开馆，纪念馆被授予"全国职工爱国主义教育基地"称号。

A. 哈尔滨　　B. 汉口

C. 上海　　D. 嘉兴

684. 全面推行工会劳动法律监督"一函两书"制度的主要目的是（　）。

A. 提高工会的工作效率

B. 督促用人单位提高经济效益

C. 保障劳动者权益，推动劳动关系和谐稳定

D. 加强工会与政府部门的合作

685. 2024 年 2 月 22 日，在庆祝"三八"国际劳动妇女节巾帼劳模工匠座谈会上，全国总工会发布了（　），这是国内首部聚焦女性劳模的专著。

A.《巾帼劳模风采》　　B.《中国女劳模》

C.《新时代女性劳模》　　D.《劳动模范女性图鉴》

686. 2024 年 2 月 5 日中共中央印发的《党史学习教育工作条例》第二十四条中，明确提出要用好新时代文明实践中心、县级融媒体

中心和农家书屋、（　）等平台，把党史学习教育融入精神文明创建和群众性文化活动。

A. 职工文化中心　　B. 职工书屋

C. 工人文化宫　　D. 职工活动中心

687. 2024 年 5 月 9 日启动的首届全国“红旗杯”班组长大赛以（　）为主题。

A. 培育卓越班组长，共筑制造强国梦

B. 聚焦班组建设，助力工业发展

C. 提升班组管理，推动产业升级

D. 强化基层力量，打造制造强国

688. 2024 年 6 月 13 日全国总工会启动的“工会体检行”专项工作的服务对象是（　）。

A. 退休职工　　B. 农民工

C. 新就业形态劳动者　　D. 企业职工

689. 中华全国总工会于 2024 年 7 月启动首批大国工匠培育工作，确定（　）培育对象，并于同年 9 月启动首期“大国工匠人才培训营”，全面提升大国工匠的政治素养、技术能力和创新水平。

A. 200 名　　B. 220 名

C. 250 名　　D. 300 名

690. 由中华全国总工会推出的线上智能服务平台“职工之家”APP 上线试运行的时间是（　）。

A. 2024 年 6 月 1 日　　B. 2024 年 7 月 1 日

C. 2024 年 8 月 1 日　　D. 2024 年 9 月 1 日

691. （　），党的二十届三中全会召开。

A. 2024 年 7 月 1 日至 4 日

B. 2024 年 7 月 10 日至 13 日

C. 2024 年 7 月 15 日至 18 日

D. 2024 年 7 月 20 日至 23 日

692. 党的二十届三中全会指出，（　）处理好经济和社会、政府和市场、效率和公平、活力和秩序、发展和安全等重大关系，增强改革系统性、整体性、协同性。

A. 坚持系统观念　　B. 坚持以制度建设为主线

C. 坚持以人民为中心　　D. 坚持守正创新

693. （　），习近平总书记给中国一重产业工人代表回信。

A. 2024 年 8 月 28 日　　B. 2024 年 9 月 28 日

C. 2024 年 10 月 28 日　　D. 2024 年 11 月 28 日

694. 2024 年 9 月 29 日，在中华人民共和国国家勋章和国家荣誉称号颁授仪式上，被颁授“人民工匠”国家荣誉称号奖章的是（ ）。

A. 许振超　　B. 黄宗德

C. 张卓元　　D. 赵忠贤

695. 全国总工会印发《中华全国总工会关于贯彻落实党的二十届三中全会精神在进一步全面深化改革推进中国式现代化中充分发挥工人阶级主力军作用和工会桥梁纽带作用的意见》的时间是（　）。

A. 2024 年 10 月 20 日　　B. 2024 年 10 月 25 日

C. 2024 年 10 月 29 日　　D. 2024 年 11 月 5 日

696. 2025 年 4 月 2 日，中华全国总工会、教育部、人力资源社会保障部、中华全国工商业联合会联合印发《关于广泛实施求学圆梦行动 推进产业工人学历与能力提升的意见》。根据《意见》，到 2030

年，（　）这一项目标是明确的。

A. 教育强国建设取得重要阶段性成效

B. 重点建设一批师范教育基地

C. 建设 100 个高水平、专业化、开放型产教融合实训基地

D. 打造不少于 300 个产业工人学历与能力提升项目；资助不少于 300 万名符合入学条件的产业工人

697. 2025 年 4 月 27 日，“永远跟党走 奋进新征程——中国工人运动历史和发展成就展”正式开展。该展览是庆祝（　）的重要举措之一，也是首个全面宣传展示党领导的中国工人运动历史和发展成就的永久性主题展览。

A. 中华全国总工会成立 100 周年

B. 中国共产党成立 100 周年

C. 中国工人运动第一次全国代表大会召开 100 周年

D. 中华全国总工会成立 95 周年

698. 庆祝中华全国总工会成立 100 周年暨全国劳动模范和先进工作者表彰大会于（　）在北京人民大会堂隆重举行，1670 人被授予全国劳动模范称号，756 人被授予全国先进工作者称号。

A. 2025 年 4 月 27 日　　B. 2025 年 4 月 28 日

C. 2025 年 4 月 29 日　　D. 2025 年 4 月 30 日

699. 2025 年 5 月 15 日，首次在上合组织框架下开展的多边工会组织交流活动是（　）。

A. 上合组织劳工论坛　　B. 上合组织工会领导人会议

C. 上合组织职工发展研讨会　　D. 上合组织青年就业峰会

700. 2025 年 5 月 28 日，中华全国总工会印发《工匠人才培育实施办

法》，力争到 2035 年，培养造就 2000 名左右（　）、10000 名左右省级工匠、50000 名左右市级工匠，以培养更多大国工匠和各级工匠人才为引领，带动一流产业技术工人队伍建设，为以中国式现代化全面推进强国建设、民族复兴伟业提供有力人才保障和技能支撑。

A. 行业领军人才　　B. 科技人才

C. 大国工匠　　D. 首席技师

❖ 多选题

1. 鸦片战争以后，在我国出现的近代产业工人主要由（　）构成。

A. 破产的手工业者　　B. 破产的城市居民

C. 破产的农民　　D. 商人

2. 中国工人阶级是近代中国新生的最伟大的革命阶级，具有以下（　）的特征。

A. 与最先进的经济形式相联系　　B. 富于组织性、纪律性

C. 没有私人占有的生产资料　　D. 具有坚决而彻底的革命性

3. 中国工会思想的发端包括（　）。

A. 无政府工团主义工会思想

B. 以孙中山为代表的革命党人与国民党初期的工会思想

C. 马克思主义工会思想

D. 苏俄工会模式

4. "招牌工会"产生于五四运动前后，是由（　）把持的劳工团体，冠以"中华""全国"之名号，提倡阶级调和、抹杀阶级对立。

A. 资产阶级知识分子　　　　B. 资产阶级政客

C. 青红帮　　　　D. 工头

5. 十月革命一声炮响，给中国送来了马克思列宁主义。在中国人民和中华民族伟大的觉醒中，在（　　）同（　　）的紧密结合中，中国共产党应运而生。

A. 马克思主义　　　　B. 改良主义

C. 中国工人运动　　　　D. 世界工人运动

6. 为向工人宣传马克思主义，启发他们的思想觉悟，各地共产党早期组织创办各种形式的工人学校，其中最有名的是（　　）。

A. 安源路矿工人补习学校　　　　B. 沪西工人半日学校

C. 长辛店劳动补习学校　　　　D. 广东机器工人学校

7. 1920 年前后，各地共产党组织出版丰富的工人刊物宣传马克思主义，深受广大工人欢迎，其中有（　　）。

A.《伙友》　　　　B.《劳动者》

C.《工人胜利》　　　　D.《济南劳动周刊》

8. 在中国共产党正式成立之前，上海共产主义小组领导建立的“三大工会”是指（　　）。

A. 上海机器工会　　　　B. 上海印刷工会

C. 上海纺织工会　　　　D. 上海海员工会

9. 1921 年 7 月，中国共产党第一次全国代表大会通过《中国共产党第一个决议》，其主要内容包括：（　　）。

A. 组织各种产业工会，使工人组织起来

B. 重视对工人运动的马克思主义指导

C. 发挥工人补习学校的作用，使其成为工人组织的中心

D. 成立工人运动研究机构，研究中国工人的运动问题

10. 1922 年 1 月 16 日，(　　) 在劳工会协商调停罢工问题时被捕，次日两人就义于浏阳门外，他们是中国最早牺牲的工人运动领袖。

A. 黄爱　　　　B. 庞人铨

C. 陈延年　　　　D. 陈乔年

11. 中国劳动组合书记部在上海成立总部之后，又相继在北京、长沙和(　　) 等地设立分部机构。

A. 广州　　　　B. 济南

C. 上海　　　　D. 武汉

12. 1922 年 8 月，中国劳动组合书记部发布《劳动法案大纲》，号召全国工人开展劳动立法运动。《劳动法案大纲》主要内容包括 (　　)。

A. 承认劳动者有集会、结社、罢工的权利

B. 实行八小时工作制

C. 禁止雇佣 16 岁以下的童工，保护女工

D. 保障男女工人享受补习教育的机会

13. 第一次全国劳动大会顺利通过 (　　) 等十个决议案。

A.《八小时工作制案》　　　　B.《罢工援助案》

C.《全国总工会组织原则案》　　　　D.《工农联合决议案》

14. 第一次全国劳动大会的召开是中国工运史上的创举，即 (　　)。

A. 开创工人联合起来的新纪元

B. 确立中国共产党在全国工人运动中的领导地位

C. 提高中国劳动组合书记部的威信

D. 确立中国革命工会的产业组合原则

15. 中国共产党第二次全国代表大会通过的《关于“工人运动与共产

党”的决议案》指出：工会应该为改善工人的（　）和（　）而努力，同时还必须领导工人开展政治斗争。

A. 生产　　B. 生活

C. 劳动条件　　D. 生产条件

16. 在1922—1923年全国工人罢工高潮中，毛泽东、刘少奇、李立三领导湖南（　）和（　）工人发动安源路矿工人大罢工。

A. 铁路　　B. 矿业

C. 纺织　　D. 报社

17. 李立三到安源后，使用共产党的传统法宝“走马三招”，即（　）。

A. 办学校　　B. 建工会

C. 建立党组织　　D. 建立工人消费合作社

18. 从1922年1月至1923年2月的一年多时间，全国共开展罢工斗争130余起，形成中国历史上第一次全国性的工人运动高潮。其间著名的罢工运动包括（　）。

A. 香港海员大罢工　　B. 安源路矿工人大罢工

C. 京汉铁路工人大罢工　　D. 开滦煤矿工人大罢工

19. 1923年2月，爆发的京汉铁路工人大罢工的主要领导人有（　）

A. 张国焘　　B. 林育南

C. 罗章龙　　D. 项英

20. 1923年2月7日，军阀吴佩孚在帝国主义的支持下在长辛店、汉口、江岸和郑州等地对罢工进行疯狂镇压，造成中国工运史上最悲壮的“二七惨案”，其中（　）献出宝贵的生命。

A. 苏兆征　　B. 林祥谦

C. 邓中夏　　D. 施洋

21. 被邓中夏誉为“硕果仅存”的安源路矿工人俱乐部不仅保存自己的组织，而且开展很多活动，取得显著的成就，主要表现在（　）。

A. 对原有的组织机构进行改组，实行代表会议制和民主集中制

B. 创办中国第一个工人消费合作社

C. 设立工人学校、图书馆，丰富工人群众精神生活

D. 通过经济援助支援省外工人运动

22. 1923 年 6 月，中国共产党第三次全国代表大会提出（　）联合起来，构建统一战线，从而进行反帝反封建的国民革命。

A. 工人　　B. 农民

C. 小资产阶级　　D. 资产阶级

23. 1924 年 1 月，国民党第一次全国代表大会在广州举行，确定（　）三大政策，标志着第一次国共合作的正式成立。

A. 联俄　　B. 联共

C. 扶助农工　　D. 反对帝国主义

24. 1925 年 5 月 1 日，由（　）发起，在广州召开第二次全国劳动大会。

A. 中华海员工业联合总会　　B. 汉冶萍总工会

C. 全国铁路总工会　　D. 广州工人代表会

25. 第二次全国劳动大会通过三十多个决议案，其中主要有（　）。

A.《工人阶级与政治斗争的决议案》

B.《经济斗争决议案》

C.《工农联合的决议案》

D.《组织问题的决议案》

26. 1925 年 5 月 30 日，举国震惊的五卅惨案发生后，中共中央举行紧

急会议，决定由（　　）和刘华等组成行动委员会，组织全上海民众罢工、罢市、罢课，抗议帝国主义者屠杀中国人民。

A. 瞿秋白　　B. 蔡和森

C. 李立三　　D. 刘少奇

27. 1925 年 6 月 1 日，上海总工会成立，（　　）任委员长，这标志着上海工人运动从分散的状态转向（　　）的有组织的活动。

A. 刘少奇　　B. 李立三

C. 集中　　D. 全国

28. 1925 年 6 月 19 日，（　　）和（　　）工人发动震惊中外的省港大罢工。

A. 广州　　B. 上海

C. 天津　　D. 香港

29. 1926 年 5 月 1 日，第三次全国劳动大会在广州召开，大会通过（　　）等 9 个决议案和 9 项工作报告。

A.《组织问题与其运用之方法决议案》

B.《中国职工运动总策略决议案》

C.《经济斗争最近目标与其步骤决议案》

D.《劳动法大纲决议案》

30. 1926 年 12 月，全国总工会秘书长兼全国总工会驻汉口办事处秘书长刘少奇发表（　　）三篇著作，对加强各级工会组织建设起重要的指导作用。

A.《工会代表会》　　B.《工会基本组织》

C.《工会经济问题》　　D.《全国工人阶级目前行动总纲》

31. 北伐战争期间，声势浩大的群众反帝运动同武汉国民政府的外交谈判相结合，迫使英国政府分别于1927年2月19日和20日与武汉国民政府签署协定，将在（　）的租界交还中国。

A. 汉口　　B. 南京

C. 广州　　D. 九江

32.（　）年3月21日，上海工人第三次武装起义取得胜利，推翻（　）在上海的统治。

A. 1926　　B. 1927

C. 北洋军阀　　D. 封建地主阶级

33. 革命危急关头，全国总工会于1927年6月19日至28日在汉口召开第四次全国代表大会，会议提出（　）等正确思想。

A. 工农联盟　　B. 加强工人武装

C. 土地革命　　D. 解散工人纠察队

34. 1927年8月7日，中共中央在汉口召开紧急会议，确立（　）的总方针，中国革命开始土地革命新时期。

A. 土地革命　　B. 武装反抗国民党反动派

C. 组织反帝爱国运动　　D. 走农村包围城市的革命道路

35. 1927年12月，广州起义失败后，起义领导人、广州工人纠察总队长（　）和（　）被捕。临刑前他俩举行"刑场上的婚礼"。

A. 周文雍　　B. 陈铁军

C. 张太雷　　D. 郭隆真

36. 中国共产党第六次全国代表大会召开前不久，中华全国总工会派出以（　）为首的15人代表团出席赤色职工国际在莫斯科召开的第四次代表大会。

A. 苏兆征　　B. 邓中夏

C. 陈延年　　　　D. 瞿秋白

37. 中国共产党第六次全国代表大会以后，中共中央为尽快落实职工运动的总方针，发布了一系列通告和指示，即（　）等。各地党组织深入工人中做组织和发动工作，工会组织开始恢复，革命工会会员逐渐增加。

A.《铁路工人运动工作大纲》　　B.《关于职工运动的策略》

C.《职工运动问题》　　D.《组织问题的决议案》

38. 1929 年 11 月，第五次全国劳动大会通过的《工会组织问题决议案》，是大规模组建（　）的宣言书，正式取消中共六大及其以后在工人运动方面的正确规定和做法，重新采取（　）和（　）的进攻方针。

A. 赤色工会　　B. 黄色工会

C. 冒险主义　　D. 关门主义

39. 1931 年秋，时任中共中央临时中央职工部部长、中华全国总工会组织部部长刘少奇，发表（　）等 10 余篇文章，反对“左”倾冒险主义将“罢工政治化”。

A.《建立辅助组织问题》　　B.《批评退出黄色工会的策略》

C.《策略问题》　　D.《工会工作大纲》

40. 中国共产党建立的农村革命根据地的工人阶级主要是由（　）等非产业工人组成。

A. 手工业工人

B. 苦力运输工人

C. 店员、农业工人

D. 旧式煤矿和钨、铁、锡等矿业工人

41. 1933 年 4 月至 7 月，全国总工会苏区中央执行局先后在瑞金成立五大产业工会，包括中国农业工人工会和（　）。

A. 中国苦力运输工人工会　　B. 中国店员手艺工人工会

C. 国家企业职工工会　　D. 中国纸业工人工会

42. 1934 年初，毛泽东在中华苏维埃第二次全国代表大会上指出，苏区工会是（　），对苏区工会给予高度评价。

A. 苏维埃政权的柱石

B. 保护工人利益的堡垒

C. 工人群众学习共产主义的学校

D. 工农革命的火种

43. 劳模最早诞生于土地革命战争时期中央苏区的公营企业和（　）中，之后出现在抗日战争时期的陕甘宁边区（　）和各项建设中，解放战争时期又出现了大量的“支前劳模”和新解放城市中的“工业劳模”。

A. 革命竞赛　　B. 群众竞赛

C. 大生产运动　　D. 增收节支运动

44. 1934 年 4 月，《苏维埃国有工厂管理条例》《苏维埃国家工厂支部工作条例》确立（　）组成“三人团”的企业民主管理制度。

A. 厂长　　B. 党支部书记

C. 工会委员长　　D. 职工代表

45. 1936 年 2 月，在党中央的领导下，正式建立陕北省总工会，为（　）做大量工作。

A. 救济失业工人　　B. 改善工人生活

C. 组织工人恢复和发展生产　　D. 参军参战

46. 抗日战争时期，在中国共产党领导的抗日民主根据地实行（　）的工人运动方针政策。

A. 发展生产　　B. 繁荣经济

C. 公私兼顾　　D. 劳资两利

47. 1936 年 4 月至 1937 年 5 月，刘少奇发表（　）等 10 余篇重要著作，深刻总结大革命失败以来党在国民党统治区斗争的经验教训，系统地提出党在国统区工作的正确方针和基本策略。

A.《关于白区职工运动的提纲》

B.《关于白区工作给中央的一封信》

C.《关于白区的党和群众工作》

D.《工会工作大纲》

48. 1938 年 4 月，陕甘宁边区工人第一次代表大会通过（　）。

A.《陕甘宁边区总工会章程》

B.《陕甘宁边区店员、手艺工人工会章程》

C.《陕甘宁边区农业工人工会章程》

D.《陕甘宁边区总工会抗战期间工作纲领》

49. 抗日相持阶段，共产党在国统区的群众工作路线有所转变，提出（　）的政治口号。

A. 隐蔽精干、长期埋伏　　B. 坚持抗战、反对投降

C. 坚持团结、反对分裂　　D. 坚持进步、反对倒退

50. 土地革命战争时期，全国总工会分别建立中华全国总工会（　）等派出执行机构。

A. 苏区执行局　　B. 白区执行局

C. 华北执行局　　D. 西北执行局

51. 在 1939 年 2 月至 1941 年底的大生产运动中，各根据地开展向英雄模范学习的（　）。

A. 吴满有运动　　B. 赵占魁运动

C. 张秋凤运动　　D. 甄荣典运动

52. 1939 年 5 月，中共中央明确沦陷区地下党斗争要坚持（　）的方针。

A. 隐蔽精干　　B. 长期埋伏

C. 积蓄力量　　D. 以待时机

53. 1941 年 1 月，陕甘宁边区总工会发出（　）三个重要文件，要求各级工会领导人积极参加经济建设，保证完全实现边区政府当年的经济计划。

A.《工会工作方向》　　B.《组织工作方向》

C.《文教工作方向》　　D.《职工运动问题》

54. 为提高生产效率，改进生产质量，激发劳动热忱，发挥边区工人的创造性，陕甘宁边区总工会于 1941 年 3 月发布（　）和（　）。

A.《关于迎接劳动生产大竞赛的各项办法》

B.《关于迎接"五一"生产大竞赛的各项办法》

C.《奖励劳动模范的办法》

D.《奖励模范劳动者的办法》

55. 1942 年 4 月 21 日，中共中央在《关于五一节的指示》里，要求各抗日根据地党和工会组织，根据整风精神改造各根据地工会工作，肃清职工运动中的（　）的思想方法和工作作风的残余。

A. 主观主义　　B."左"倾冒险

C. 宗派主义　　D. 党八股

56. 1942 年 4 月 24 日，中共中央发出《对晋东南抗日根据地职工运动的指示》，指出工会整风中必须首先解决在当时工会工作中带方向性的问题，即（　　）。

A. 正确认识公营工厂生产的性质　B. 工人劳动的性质

C. 工会的组织形式　D. 工会的基本任务

57. 解放战争时期，在晋冀鲁豫边区开展的“刘伯承工厂”运动取得显著成果，即（　　）。

A. 有效促进军工企业管理制度和管理水平的提高

B. 提高职工的政治思想觉悟

C. 激发广大工人的劳动热忱

D. 推动生产技术革新

58. 1942 年 10 月至 1943 年 1 月，中共中央西北局在延安召开高干会议，隆重奖励生产英雄的颁奖大会，对大生产运动以来（　　）等 22 名领导干部和三个先进单位进行奖励。

A. 习仲勋　B. 王震

C. 马文瑞　D. 贺晋年

59. 1943 年 3 月至 4 月，陕甘宁边区政府召开直属公营工厂（　　）会议。

A. 厂长　B. 支部书记

C. 工会主任　D. 工会主席

60. 1943 年 3 月 1 日至 4 月 21 日，陕甘宁边区政府召开直属各公营工厂会议（也称厂长联席会议），进一步讨论（　　）等重大问题。

A. 公营工厂的性质与任务　B. 建立公营工厂的基本原则

C. 公营工厂内部党和工会的工作　D. 厂长负责制

61. 1945 年，毛泽东在陕甘宁边区劳动英雄和模范工作者会议上的讲话中指出，劳动英雄和模范工作者“有三种长处，起了三个作用”，即（　）。

A. 带头作用　　B. 骨干作用

C. 桥梁作用　　D. 楷模作用

62. 1947年2月，晋冀鲁豫边区职工总会号召全区职工开展（　）的大生产运动。

A. 全面改造　　B. 全面提高

C. 自力更生　　D. 丰衣足食

63. 1948年8月，第六次全国劳动大会通过的《中华全国总工会章程》，以团结统一为特点，明确工会的宗旨为“（　），（　），争取中国工人阶级的解放，联合全国一切被压迫人民争取中国人民的解放，联合全世界工人为保卫世界和平与民主而奋斗”。

A. 团结全国职工　　B. 领导全国职工

C. 维护职工利益　　D. 保护职工利益

64. 为组织广大职工开展迎接城市解放的斗争，国民党统治区的中共地下组织建立各种名称的中共外围组织和其他群众组织。其中最著名的有（　）等以工人为主体的群众组织。

A. 上海工人协会　　B. 上海人民保安队

C. 武汉人民解放先锋队　　D. 广州工人协会

65. 1949年5月，华北第一届职工代表会议通过（　）三个重要文件，革除国民党统治时期工矿企业中遗留下来的不合理规章制度，保障职工的实际收入。

A.《关于在国营公营企业中建立工厂管理委员会与工厂职工代表会议的决定》及其《实施条例》

B.《关于在华北国营公营企业中制订集体合同的决定》

C.《集体合同的纲要草案》

D.《建立供给商店与消费合作社保障职工生活的决议》

66. 1949年7月23日至8月16日，中华全国总工会在中共中央领导下召开全国工会工作会议。会议通过（　）等文件，为各地政府劳动部门和工会正确处理劳资关系提供依据。

A.《关于劳资关系暂行处理办法》

B.《关于私营工商企业劳资双方订立集体合同的暂行办法》

C.《关于劳动争议解决程序的暂行规定》

D.《劳动局组织条例》

67. 1949年9月，中国人民政治协商会议第一届全体会议通过《共同纲领》。纲领规定："中华人民共和国经济建设的根本方针，是以（　）的政策，达到发展生产、繁荣经济之目的。"至此，中国共产党形成比较成熟的劳资政策。

A. 公私兼顾　　B. 劳资两利

C. 城乡互助　　D. 内外交流

68. 1950年8月4日和9月4日，《工人日报》和《人民日报》相继转载邓子恢的报告（　）之后，引起新中国成立后工运理论的第一次争论。争论的焦点主要是在国营工矿企业中如何正确对待社会主义条件下（　）三者之间的矛盾问题。

A.《关于中南区的工会工作》

B.《论公营工厂中行政与工会立场的一致性》

C. 国家、集体、个人

D. 行政、工会、职工

69. 到1950年底，全国建立16个全国性的产业工会领导机构，同时相继建立（　）三大行政区总工会。

A. 东北　　B. 西北

C. 中南　　D. 东南

70. 1951年9月，中华全国总工会会同劳动部在北京召开全国第一次劳动保护工作会议。会议通过（　）等劳动保护法规文件，形成工会劳动保护秩序。

A.《工厂卫生安全暂行条例》

B.《保护女工暂行条例》

C.《限制工厂矿场加班加点暂行办法（草案）》

D.《关于国家机关工作人员的伤残和死亡待遇的规定》

71. 1951年，中共中央在国家机关和国营企业中开展（　）的“三反”运动，自上而下地广泛发动工人群众，大大加强工会的基层基础。

A. 反贪污　　B. 反浪费

C. 反形式主义　　D. 反官僚主义

72. 1953年5月，中国工会第七次全国代表大会确定的工会工作方针是以生产为中心，（　）三位一体。

A. 生产　　B. 生活

C. 教育　　D. 保护

73. 1953年5月，中国工会第七次全国代表大会通过的《中华人民共和国工会章程》，在关于（　）和手工业工人中的工会组织等问题上，作较大的修改和补充。

A. 人民民主专政下工会的性质、任务与作用

B. 入会条件和会员权利义务

C. 工会组织原则和组织机构

D. 工会基层组织

74. 1954 年 3 月，中共中央召开全国建筑工人调配会议，提出建筑工人调配的方针和任务，开始建立我国最早的统一的工人招收和调配制度。为有利于工作开展，劳动部颁布（　）等政策性法规。

A.《建筑工人调配暂行办法》

B.《关于建筑工程单位赴外地招用建筑工人订立劳动合同的办法》

C.《关于订立建筑工人借调合同办法》

D.《生产安全事故报告和调查处理条例》

75. 1954 年 6 月，全国总工会与文化部联合发出《关于加强（　）中文化艺术工作的指示》，要求政府、各级文化主管部门和各级工会组织分工合作，充分利用所有的电影放映队、剧场、电影院、文化宫、俱乐部等阵地，为职工群众服务。

A. 机关　　B. 厂矿

C. 工地　　D. 企业

76. 1955 年 2 月，全国职工业余文化教育和全国工农速成中学教育会议提出，要大力培养（　）知识分子，提高职工科学文化水平，争取（　）前基本上扫除现有产业工人中的文盲。

A. 工人　　B. 工农

C. 1957 年　　D. 1960 年

77. 1955 年 11 月，中华全国总工会在北京召开全国工会组织工作座谈会，修订（　），对加强基层工会组织建设、改进工作作风起到重要推动作用。

A.《关于工会基层组织总结与改选的规定》

B.《工会基层委员会组织工作委员会（或组织委员）工作条例》

C.《工会基层组织选举工作条例》

D.《基层工会主席选举条例》

78. 1956 年 11 月，赖若愚在全国公私合营企业工会基层工作会议上作《公私合营企业工会组织的当前任务》的报告，对公私合营企业中工会的（　）等问题作系统论述。

A. 任务　　B. 作用

C. 企业管理民主化　　D. 经费划拨

79. 在“一五”期间，各行各业总结推广的数以千计的先进经验，有力地促进生产的发展，保证国家计划的完成，突出的有（　）。

A. 纺织系统的“保全工作法”

B. 煤矿系统的“马六孩多孔道掘进循环作业法”

C. 建筑系统的“谢万福木工流水作业法”

D. 铁路系统的“孙孝菊调度法”

E. 内河航运的“一列式拖带法”

80. 1956 年，刘少奇在全国先进生产者代表会议上指出，为了发展先进生产者运动，需要（　）三方面的共同努力。

A. 先进生产者　　B. 落后生产者

C. 普通劳动者　　D. 生产的领导者

81. 1957 年，在《中共中央关于研究有关工人阶级的几个重要问题的通知》中，提出供全党研究的几个问题有（　）。

A. 关于职工群众参加企业民主管理问题

B. 关于职工生活问题

C. 关于工人阶级内部团结和教育问题

D. 关于企业中党、工会和共青团组织的工作问题

82. 1957年，对工人阶级执掌国家政权条件下工会存在的客观基础和工会的性质地位作用等重大理论问题的讨论，主要是围绕《中国工运》的两篇文章（　）中所阐述的观点展开的。

A.《对于工会作用问题的一点意见》

B.《工会存在的客观基础是什么》

C.《工会与党和行政的关系》

D.《如何加强党对工会的领导》

83. 1957年12月，中国工会第八次全国代表大会通过《中国工会章程》，将工会的组织领导原则调整为“（　）和（　）相结合的原则”，体现我国政治体制和工人运动的特点，是我国工会组织原则的一项重要变化。

A. 产业　　B. 行业

C. 地方　　D. 地区

84. 1958年9月19日，中共中央、国务院发布《关于教育工作的指示》，强调教育工作必须由党领导，贯彻党的教育工作方针，要把（　），作为全党全国人民巨大的历史任务之一。

A. 扫除文盲

B. 普及教育

C. 提升学历

D. 培养又红又专的工人阶级知识分子队伍

85. 1959年3月，国务院第二办公室在北京召开全国工矿企业职工教育工作会议，提出职工教育（　）的领导管理体制。

A. 党委领导　　B. 行政监管

C. 工会负责办理　　D. 其他组织协助

86. 1959 年，工业“群英会”上被表彰的先进生产者中，受到国家主席刘少奇亲切接见的是北京市淘粪工人（　），后来成长为党和国家领导人的是北京市建筑工人（　）。

A. 时传祥　　B. 李瑞环

C. 马学礼　　D. 张百发

87. 1960 年 1 月，全国总工会会同教育部、共青团中央、全国妇联等有关部门在哈尔滨召开全国职工业余教育黑龙江现场会，明确职工教育的（　）等问题。

A. 规划　　B. 教学

C. 组织领导　　D. 半工半读

88.（　）取代工会组织、（　）进驻上层建筑领域以及工运理论是非的颠倒，表明工人运动已经彻底纳入“文化大革命”的错误轨道。

A.“军宣队”　　B.“帮代会”

C.“工代会”　　D.“工宣队”

89. 1960 年 1 月 30 日，中共中央批转《中共太原市委关于开展以（　）和（　）为中心的技术革新和技术革命运动的决议》。

A. 机械化　　B. 半机械化

C. 自动化　　D. 半自动化

90. 1960 年 1 月至 3 月，中华全国总工会会同有关部门，分别在哈尔滨和重庆召开（　）现场会，交流推广先进经验，激励广大职工群众的生产热情和革新精神。

A. 技术革新　　B. 生产革新

C. 技术革命　　D. 生产改造

91. 1960年3月18日，中共中央发出《关于加强当前（　）运动领导的批示》。

A. 技术竞赛　　B. 技术比武

C. 技术革新　　D. 技术革命

92. 1960年5月5日，中共中央批转（　）《关于全国技术革新、技术革命重庆现场会议的报告》。

A. 中华全国总工会　　B. 第一机械工业部

C. 共青团中央　　D. 中华全国妇女联合会

93. 1960年，毛泽东所肯定的“鞍钢宪法”主要内容是（　）

A. 干部参加劳动

B. 工人参加管理

C. 改革不合理的规章制度

D. 在技术革新和技术革命中实行企业领导干部、技术人员和工人的三结合

94. 1961年7月5日至23日，中华全国总工会在北京召开省、市、自治区工会主席会议，检查三年来工会工作中存在的问题和失误。主要是检查（　）和（　）的错误。

A. 工会消亡　　B. 工会纳入城市公社

C. 基层工会建设　　D. 反右倾

95. 1961年4月、7月、10月，《工人日报》分别发表（　）等三篇社论，推动各级工会抓好职工生活，渡过难关。

A.《切实抓好职工生活工作》

B.《一手抓生产，一手抓生活》

C.《自己动手，改善生活》

D.《减少城镇人口，压缩城镇粮食销量》

96. 1961年9月、10月，中华全国总工会分别在杭州和北京召开职工业余教育工作座谈会。会议的主要成果是确立“(　　)的方针”。

A. 鼓足干劲　　B. 实事求是

C. 巩固提高　　D. 稳步发展

97. 1962年9月，中共中央发出《关于讨论和试行国营工业企业工作条例（草案）的指示》，明确规定企业各级的（　　）和（　　），必须按期由工会召开，职工代表大会在闭会期间，日常工作由工会主持。

A. 职工代表大会　　B. 职工大会

C. 工会会员代表大会　　D. 工会会员大会

98. 1962年10月，全国总工会、劳动部、财政部联合发出《关于做好当前职工生活困难补助工作的通知》，对（　　）作出明确规定。

A. 补助标准　　B. 经费来源

C. 工作程序　　D. 考核标准

99. 1962年11月，中华全国总工会召开八届四次执委会议。会议的主要成果是全国总工会拟出的《关于工会工作中若干认识问题的意见（草稿）》，就工会必须服从党的领导，工会的（　　）和经济主义，反映群众意见和代表落后等问题，逐个作了说明。这在一定程度上澄清了全总党组第三次扩大会议以来一直困扰着工会干部的一些思想认识问题。

A. 性质　　B. 任务

C. 作用　　D. 关心群众生活

100. 1962年底开始的“五好”职工社会主义竞赛是指（　　）。

A. 政治思想好　　B. 完成任务好

C. 遵守纪律好　　D. 技术学习好

E. 团结互助好　　F. 勤俭节约好

101. 1962 年底开始的“五好”企业社会主义竞赛是指（　）。

A. 政治工作好　　B. 完成计划好

C. 企业管理好　　D. 生活管理好

E. 干部作风好　　F. 技术创新好

102. “二五”时期，各行各业涌现出许多先进生产集体，如（　）工程队、（　）纺织模范小组。

A. 张树贵　　B. 马万水

C. 裔式娟　　D. 马淑敏

103. “二五”期间，以“铁人”（　）、“钢铁钻工”（　）为代表的大庆油田职工，以“宁肯少活二十年，拼命也要拿下大油田”的意志，仅用三年时间，就在环境极其恶劣、地质条件十分复杂、设备非常陈旧的条件下，胜利地建成具有国际先进水平的大庆油田，结束中国使用“洋油”的时代。

A. 徐永基　　B. 王进喜

C. 徐呈龙　　D. 吴全清

104. “二五”时期，在广泛深入开展的增产节约和技术革新、技术革命运动中，各行各业都涌现出许多英雄模范人物，如“电机华佗”（　）、刀具革新能手（　）、“油脂工业的一面旗帜”（　）、燃料专家（　）。

A. 宋学文　　B. 苏广明

C. 李川江　　D. 陈亨

105. 在“文化大革命”期间，广大工人、知识分子在极端困难的条件下奋发图强，献身事业，为经济建设和科学技术现代化作出了卓越贡献，例如（　）等。

A. 南京长江大桥建成通车

B. 首次地下核试验成功

C. 第一颗人造地球卫星发射成功

D. 焦枝铁路建成

106. 1977 年 8 月，中国共产党第十一次全国代表大会提出，要加强党对工会、共青团、妇联等群众组织的领导，把这些组织（　），充分发挥它们应有的作用。

A. 整治好　　B. 整顿好

C. 创建好　　D. 建设好

107. 1978 年 4 月 22 日至 24 日，中华全国总工会在北京召开第八届第七次执委扩大会议。这是全国总工会停止活动长达（　）之后召开的第一次执委会议，标志着全国总工会作为全国工会组织的最高领导机构的活动（　）。

A. 10 年　　B. 11 年

C. 部分恢复　　D. 正式恢复

108. 中国工会第九次全国代表大会提出工会工作的基本方针是：在中国共产党的领导下，遵循党的十一大路线，（　）广大职工不断提高政治觉悟，掌握现代科学技术，积极参加管理，广泛开展社会主义劳动竞赛，努力提高劳动生产率，并在发展生产的基础上逐步改善职工群众的物质文化生活，为实现新时期的总任务而奋斗。

A. 团结　　B. 教育

C. 吸引　　D. 聚集

109. 1978年8月，中华全国总工会在北京召开省、市、自治区总工会负责人会议，讨论工会九大的（　）和（　）工作。

A. 文件准备　　B. 组织准备

C. 路线问题　　D. 方针问题

110. 1978年12月22日，中华全国总工会、财政部发出《关于恢复（　）的行政方面拨交工会经费的联合通知》。

A. 企业　　B. 事业

C. 机关　　D. 国营工厂

111. 1979年，中华全国总工会围绕增产节约运动开展（　）等竞赛活动。

A. 学习大庆　　B. 全优工程

C. 赶马恒昌小组　　D. 创产品质量信得过班组

112. 1979年7月，中华全国总工会在江苏无锡召开14省市（　）工作座谈会。

A. 劳动人民文化宫　　B. 工会联合会

C. 工人文化宫　　D. 工人俱乐部

113. 1979年9月28日，国务院在北京举行授奖仪式，嘉奖（　）战线的全国先进企业和全国劳动模范。

A. 农业　　B. 工业

C. 交通　　D. 基本建设

114. 1980年12月25日至1981年1月18日，中华全国总工会在北京召开全国工会基层工作座谈会，要求各级工会组织（　），进一步推动基层工会建设。

A. 面向基层　　B. 深入基层

C. 服务基层　　D. 支持基层

115. 1981 年，中共中央、国务院按照（　）的原则，建立全国职工教育管理委员会，作为国务院指导全国职工教育工作的机构。

A. 加强领导　　B. 统一管理

C. 分工负责　　D. 通力协作

116. 1981 年 10 月 7 日至 12 日，中华全国总工会在北京召开九届三次执委扩大会议，要求各级工会着手抓好（　）三项工作。

A. 搞好职工代表大会制

B. 协助行政推行和完善经济责任制

C. 加强职工思想政治工作

D. 做好工会组建工作

117. 从 1981 年至 1986 年，中共中央、国务院相继颁布（　），形成当时我国企业“党委集体领导、厂长行政指挥、企业民主管理”的领导结构。

A.《国营工业企业职工代表大会暂行条例》

B.《国营工厂厂长暂行条例》

C.《中国共产党全民所有制工业企业基层组织工作暂行条例》

D.《全民所有制工业企业法》

118. 1982 年，中华全国总工会和各级地方工会领导机关进行机构改革，其核心是（　）。

A. 加强领导　　B. 精简机构

C. 提高办事效率　　D. 密切联系群众

119. 1982 年 4 月 27 日至 5 月 2 日，中华全国总工会在北京人民大会堂召开全国（　）和（　）代表座谈会。

A. 劳动模范　　B. 战斗英雄

C. 先进人物　　D. 先进工作者

120. 1983 年 3 月 14 日，中共中央书记处召开会议，明确指出工会存在的“三个不够”，即（　）。

A. 组织不够健全　　B. 联系群众不够紧密

C. 活动不够经常　　D. 工作不够开放

121. 1983 年 10 月，中国工会十大通过的《中国工会章程》，清除工会九大章程中存在的“左”的错误内容，更好地反映会员群众对工会的意愿和要求，突出工会（　）的特点，强调工会组织的（　）、（　）和民主化。

A. 群众组织　　B. 行政机构

C. 阶级性　　D. 群众性

122. 1984 年 10 月，中国共产党十二届三中全会通过《中共中央关于经济体制改革的决定》，阐述工会在企业改革中的作用，指出必须健全职工代表大会制度和各项民主管理制度，充分发挥工会组织和职工代表在（　）等方面的权利和作用，体现工人阶级的主人翁地位。

A. 审议企业重大决策　　B. 监督行政领导

C. 维护职工合法权益　　D. 提高职工队伍素质

123. 1984 年，北京公交集团工会在认真总结开展（　）竞赛活动经验的基础上，选树两个多年坚持优质特色服务、乘客满意、具有时代精神的车组，由北京市总工会命名为“工人先锋号”，从此拉开创建“工人先锋号”活动的序幕。

A. 比　　B. 学

C. 赶　　D. 帮

124. 1985 年 2 月 25 日，中华全国总工会下发《关于颁发（　）和（　）的决定的通知》，开创五一劳动奖的表彰历史。

A. 五一劳动奖章　　B. 五一劳动奖状

C. 工人先锋号　　D. 全国道德模范

125. 1986 年 7 月，国务院颁布（　），改革国营企业用工制度，实行劳动合同制。

A.《国营企业实行劳动合同制暂行规定》

B.《国营企业招用工人暂行规定》

C.《国营企业辞退违纪职工暂行规定》

D.《国营企业职工待业保险暂行规定》

126. 1986 年 9 月，中华全国总工会、国家经委联合召开新中国成立以来首次全国班组工作会议及表彰大会，发出（　）两个文件。

A.《关于加强企业班组建设的通知》

B.《关于加强工业企业班组建设的意见》

C.《关于加强企业班组长培训工作的意见》

D.《关于加强工业企业班组长培训工作的意见》

127. 1986 年 9 月，中共中央、国务院颁发（　）三个条例，把企业新的领导体制用法规的形式加以明确，为基层工会更好地代表和组织职工参政议政、行使民主权利创造条件。

A.《全民所有制工业企业厂长工作条例》

B.《全民所有制工业企业工会工作条例》

C.《中国共产党全民所有制工业企业基层组织工作条例》

D.《全民所有制工业企业职工代表大会条例》

128. 行业工会联合会是 1987 年首先由（ ）和（ ），从适应城市经济体制改革和政府管理职能转换的要求改革尝试中产生的。

A. 北京市总工会 B. 上海市总工会

C. 江苏省常州市总工会 D. 山东省潍坊市总工会

129. 1988 年 10 月，中国工会第十一次全国代表大会通过（ ），只对个别条款作局部修改。其中差额选举和基层工会代表大会（ ）的规定，对推动工会群众化、民主化发挥积极作用。

A.《中国工会章程》

B.《中国工会章程部分条文修正案》

C. 专任制

D. 常任制

130. 1988 年 10 月，全国总工会十届六次执委扩大会议通过《工会改革的基本设想》，明确提出工会具有（ ）等社会职能。

A. 维护职能 B. 建设职能

C. 参与职能 D. 教育职能

131. 1989 年 7 月，中华全国总工会十一届三次主席团（扩大）会议作出《动员全国职工深入开展“双增双节”活动》的决议，坚持抓好（ ）工作。

A. 勤俭节约 B. 增产增收

C. 增产节约 D. 增收节支

132. 1990 年 2 月，中宣部、国家计委、中华全国总工会联合发出《关于在企业职工中进行基本国情与基本路线教育的通知》，要求对职工系统的思想政治教育内容要突出三点，即（ ）。

A. 历史与国情 B. 建设与改革

C. 传统与使命　　D. 现在与未来

133. 1990 年 4 月 27 日，中华全国总工会在北京人民大会堂举行隆重授奖大会，号召全国广大职工把学习雷锋同搞好本职工作紧密结合起来，掀起（　）的新热潮。

A. 学大庆　　B. 学铁人

C. 比贡献　　D. 创一流

134. 1991 年 12 月，中华全国总工会召开第十一届四次执委会议。这次会议为（　）和（　）提高到新水平起重要的推动作用。

A. 职工思想政治教育　　B. 科学文化技术教育

C. 工资保障　　D. 福利待遇

135. 1992 年初，中华全国总工会于元旦、春节期间开展的（　）的“送温暖”活动正式拉开帷幕。

A. 进万家门　　B. 知万家情

C. 解万家难　　D. 暖万家心

136. 1993 年 10 月，在中国工会第十二次全国代表大会上，中华全国总工会表彰了基层工会模范职工之家以及（　）。

A. 工会小组　　B. 模范职工小家

C. 优秀工会工作者　　D. 荣誉工会积极分子

137. 1993 年 10 月，中国工会第十二次全国代表大会通过《中国工会章程（修正案）》，保障工会的财产所有权不受侵犯，与（　）相衔接，规定工会（　）和财产处置原则。

A.《工会法》　　B.《劳动合同法》

C. 经费　　D. 人员

138. 1994 年起，国务院和各地先后选择了 2700 多家（　）进行建立现代企业制度试点，推行（　　）、股份制改革。

A. 社会组织　　B. 国有企业

C. 公司制　　D. 厂长（经理）负责制

139. 1994 年 12 月，中华全国总工会十二届二次执委会通过《全国总工会关于贯彻实施〈劳动法〉的决定》，提出“以贯彻实施《劳动法》为契机和突破口，带动工会各项工作，推动自身建设和改革，在（　　）中更好地发挥作用”。

A. 改革　　B. 发展

C. 稳定　　D. 创新

140. 从 1995 年开始，中华全国总工会每年开展一次全国职工职业道德建设（　　）的评选表彰活动。

A. 十佳单位　　B. 劳动奖章

C. 劳动奖状　　D. 十佳标兵

141. 1996 年 5 月，由中华全国总工会等单位联合下发的《关于逐步实行集体性协商和集体合同制度的通知》要求，“应当逐步建立由（　　）和企业家协会同时组成的三方协调机制，定期就劳动关系存在的重大问题进行协商”。

A. 劳动行政部门　　B. 工会组织

C. 经贸部门　　D. 国资委

142. 1997 年 1 月，中华全国总工会下发《关于贯彻落实工会工作总体思路，把建设职工之家活动提高到一个新水平的意见》，创新性地对（　　）和公有产权占主体地位的（　　）工会工作提出六个方面的要求。

A. 国有企业　　B. 集体企业

C. 公司制企业　　D. 三来一补企业

143. 1997 年 10 月 23 日至 27 日，全国工会（　）和（　）座谈会在山东齐鲁石化公司召开。

A. 改革　　B. 发展

C. 建设　　D. 创新

144. 1998 年 5 月，中共中央、国务院召开国有企业下岗职工（　）和（　）工作会议。

A. 社会保险　　B. 基本生活保障

C. 再就业　　D. 彩虹计划

145. 1999 年 9 月，中国共产党十五届四中全会通过《中共中央关于国有企业（　）和（　）若干重大问题的决定》。

A. 厂务公开　　B. 民主管理

C. 改革　　D. 发展

146. 1999 年 10 月，中华全国总工会召开第十三届三次主席团会议，明确提出要实现工会工作的“五突破一加强”，把（　）统一于加强基层工会建设的全过程，充分发挥新建企业工会作用，进一步巩固建会成果。

A. 建组　　B. 建会

C. 建制　　D. 建家

147. 1999 年 12 月，全国总工会十三届二次执委会议提出，各级工会要深入实施送温暖工程，对帮扶特困职工承担起第一责任人的职责。第一责任人的内涵包括（　）。

A. 第一知情人　　B. 第一报告人

C. 第一帮助人　　D. 第一关心人

148. 从 2000 年开始，浙江省义乌市总工会以（ ）为目标，探索出工会社会化维权新秩序，被誉为工会维权的“义乌模式”。

A. 建设“平安义乌”　　B. 建设“绿色义乌”

C. 构建和谐社会　　D. 构建法治社会

149. 2001 年 8 月 3 日，由（ ）正式建立国家级协调劳动关系三方会议制度并召开第一次会议。

A. 职工

B. 中华全国总工会

C. 劳动和社会保障部

D. 中国企业联合会 / 中国企业家协会

150. 2001 年 9 月 27 日，中华全国总工会召开十三届九次主席团（扩大）会议，要求充分发挥工会自身优势，在帮助下岗失业人员进行（ ）等方面发挥积极作用。

A. 职业培训　　B. 职业介绍

C. 就业安置　　D. 救助困难职工

151. 2001 年 10 月 27 日，中华人民共和国第九届全国人民代表大会常务委员会第二十四次会议通过《中华人民共和国职业病防治法》，明确工会组织依法对职业病防治工作进行（ ），维护劳动者的合法权益。（ ）制定或者修改有关职业病防治的规章制度，应当听取工会组织的意见。

A. 处罚　　B. 监督

C. 工会组织　　D. 用人单位

152. 2001 年 1 月，根据全国总工会机构改革的部署，（ ）组建为中国海员建设工会。

A. 中国海员工会

B. 中国公路运输工会

C. 中国建材工会

D. 中国建设建材工会中的建筑、城建部分

153. 2001年11月20日至21日，中华全国总工会与劳动和社会保障部、国家经贸委等单位联合在江苏省南京市召开“全国贯彻实施（　）推进集体合同、劳动合同工作经验交流会”。

A.《民法典》　　B.《劳动法》

C.《宪法》　　D.《工会法》

154. 2001年11月，根据全国总工会机构改革的部署，在原（　）基础上组建中国能源化学工会。2016年7月，中国能源化学工会更名为中国能源化学地质工会。

A. 中国煤矿地质工会　　B. 中国水利电力工会

C. 中国国土资源工会　　D. 中国石油化工医药工会

155. 2001年11月，根据全国总工会机构改革的部署，中国教育工会扩建为中国教科文卫体工会，负责全国（　）系统的工会工作。

A. 教育　　B. 科技

C. 文化　　D. 卫生

E. 体育

156. 2002年，中华全国总工会和联合国开发计划署首次合作，签署（　）合作项目。

A.《对下岗职工再就业提供小额贷款》

B.《改革中国工会》

C.《加强中国工会能力建设》

D.《提高职工队伍素质》

157. 2003 年 12 月 22 日，中华全国总工会与中央文明办等 9 部门联合开展的全国（　）活动启动仪式在北京举行。

A.“创建学习型组织”　　B.“争做知识型职工”

C.“争做技术能手”　　D.“争做道德模范”

158. 中国工会第十四次全国代表大会报告提出，工会要大力弘扬劳模精神，促进全社会形成（　）的良好氛围。

A.“尊重劳动”　　B.“尊重知识”

C.“尊重人才”　　D.“尊重创造”

159. 2004 年，全国总工会开通覆盖 31 个省（区、市）、390 个地市级总工会的（　），同时开通全国总工会（　），设立（　），回应职工利益诉求。

A.“12351”职工维权热线　　B.“主席信箱”

C.“12351”职工维权网站　　D.“网上维权”专栏

160. 2004 年 1 月 12 日，全国各级工会开展以“（　）（　）”为主题的大调研。

A. 大兴求真务实之风　　B. 大兴调查研究之风

C. 深入开展调查研究　　D. 深入基层一线

161. 2004 年 7 月 8 日，中华全国总工会印发《中华全国总工会关于（　）和（　）工作考核奖励办法（试行）》。

A. 组建工会　　B. 发展会员

C. 组建工会联合会　　D. 扩大覆盖面

162. 2004 年 10 月，（　）等 9 部门在山东省青岛市举办全国“创建学习型组织、争做知识型职工”活动现场推进会。

A. 中华全国总工会　　B. 中央文明办

C. 山东省委办公厅　　D. 中共山东省委宣传部

163. 2005 年 2 月，劳动和社会保障部、中华全国总工会和中国企业联合会 / 中国企业家协会联合发布《关于进一步推进工资集体协商工作的通知》，明确推进工资集体协商工作的重点是（　）。

A. 大型央企　　B. 非公有制企业

C. 改制的国有控股企业　　D. 集体企业

164. 2005 年 5 月 11 日，全国总工会发出《中华全国总工会关于进一步推进劳动合同制度实施的通知》，明确了工会努力提高（　）和（　）劳动合同建制率等工作重点和任务。

A. 国营企业　　B. 私营企业

C. 进城务工人员　　D. 返乡务工人员

165. 2005 年 7 月，中华全国总工会通过《关于坚持走中国特色社会主义工会发展道路的决议》，将中国特色社会主义工会发展道路的基本内涵概括为（　）、组织体系、对外交往、内在动力七个方面的基本内容。

A. 指导思想　　B. 政治保证

C. 根本任务　　D. 职能作用

166. 2005 年 7 月 2 日至 4 日，中华全国总工会召开十四届六次主席团（扩大）会议，强调工会机构要延伸到（　），成立（　）。

A. 市　　B. 村

C. 工会联合会　　D. 行业联盟会

167. 2005 年 11 月 30 日，全国总工会印发《中华全国总工会关于推进地方工人文化宫俱乐部改革与发展的意见》，提出各级工会要开展

（ ）等活动，传播主流健康向上的精神状态，陶冶职工的情操。

A. 大型歌曲、美术、书法、摄影大赛

B. 大型文艺调演

C. 职工风采大赛

D. 第二届职工艺术节

168. 2005 年 12 月 10 日，全国总工会召开十四届七次主席团（扩大）会议，提出工会要紧紧抓住（ ）三个关键，突出解决劳动就业、收入分配、社会保障、劳动安全卫生等问题，推动建立社会主义新型劳动关系。

A. 劳动合同　　B. 集体合同

C. 职代会　　D. 民主管理

169. 2006 年 3 月 31 日，国家协调劳动关系三方下发《关于印发〈全面推进劳动合同制度实施三年行动计划〉的通知》，明确全面推进劳动合同制度实施三年行动计划的（ ）。

A. 指导思想　　B. 目标任务

C. 行动措施　　D. 组织工作

170. 2006 年 4 月，全国五一劳动奖候选个人和集体在（ ）上首次向全国公示，标志着全国五一劳动奖的评选正式采取（ ）办法。

A.《工人日报》　　B. 中工网

C. 一审两公示　　D. 两审三公示

171. 2006 年 5 月 8 日，以中华全国总工会印发（ ）为标志，工会公职律师制度应运而生。

A.《工会公职律师试点工作方案》

B.《工会公职律师管理办法（试行）》

C.《关于依法保障律师执业权利的规定》

D.《中国律师职业管理办法》

172. 2006年6月，中华全国总工会印发《关于工会系统各类职工学校改革与发展的意见》，明确工会职工学校由以成人学历教育为主，向以职业技能教育培训为主转变，把工会办学的重点逐步转移到（　）上来。

A. 职业教育　　B. 岗位培训

C. 继续教育　　D. 终身教育

173. 2006年8月，中华全国总工会下发《2006—2010年全国工会干部教育培训规划》，提出用5年时间，将全国专兼职工会干部全部轮训一遍。重点抓好（　）的培训。

A. 新任工会主席　　B. 工会专业人才

C. 非公有制企业工会干部　　D. 行政事业单位工会干部

174. 2006年12月，全国首个农民工维权中心在沈阳成立，为农民工提供（　）等多种服务。

A. 维权　　B. 仲裁

C. 联谊　　D. 法律咨询

175. 2006年12月8日，中华全国总工会召开十四届十一次主席团（扩大）会议，对中国特色社会主义工会维权观作出概括。中国特色社会主义工会维权观的核心是（　），本质要求是（　）。

A. 以人为本　　B. 职工为本

C. 主动、依法、科学维权　　D. 和谐发展、互利共赢

176. 2006年12月，中华全国总工会印发《企业工会工作条例》，确立（　）的企业工会工作原则。

A. 强化民主管理　　　B. 促进企业发展

C. 维护职工权益　　　D. 开展技术革新

177. 2006 年 12 月，中华全国总工会召开第十四届执委会第四次全体会议，将（　）和（　）确定为 2007 年乃至其后一个时期的工作主线和重要工作载体。

A. 发展和谐劳动关系　　　B. 开展创建活动

C. 保增长稳就业　　　D. 农民工帮扶

178. 2007 年 6 月 29 日，《劳动合同法》颁布。中华全国总工会源头参与，在立法宗旨、（　）及工会作用等诸多问题上提出意见和建议，在法律条款中得到体现。

A. 防止劳动合同短期化　　　B. 终止劳动合同的经济补偿

C. 集体合同　　　D. 劳务派遣的限制

179. 2007 年 8 月，中华全国总工会下发《关于深入开展创建"工人先锋号"活动的实施意见》，开启全面创建活动高潮。"工人先锋号"是以创（　）为活动内容的劳动竞赛品牌。

A. "一流工作"　　　B. "一流服务"

C. "一流业绩"　　　D. "一流团队"

180. 2008 年 1 月 7 日，"2008' 经济全球化与工会"国际论坛在北京召开。论坛提出，工会要积极为广大劳动者说话办事，特别是要致力于改善广大劳动者的（　），让广大劳动者特别是发展中国家广大劳动者更多分享经济社会发展成果。

A. 劳动条件　　　B. 劳动收入

C. 劳动保障　　　D. 生活质量

181. 2008 年 10 月 22 日，中国工会第十五次全国代表大会通过《中国工会章程（修正案）》决议，把全面推进（　）四位一体的中国特色社会主义事业总体布局，写入工会工作的指导思想。

A. 经济建设　　B. 政治建设

C. 文化建设　　D. 社会建设

182. 2008 年 12 月，中华全国总工会召开十五届二次执委会，提出工会与企业、职工的“共同约定行动”，以（　）为重点，采取集中公开签约、发倡议书等形式，推动地方企业与职工共同签订“抱团协议”。

A. 保就业　　B. 保岗位

C. 保工资　　D. 稳员增效

183. 2008 年 12 月，中华全国总工会开创全国“工人先锋号”即时表彰的先河，国家的重大突发事件中的一些具有（　）的车间、工段、班组被授予全国“工人先锋号”称号。

A. 时代性　　B. 先进性

C. 示范性　　D. 突发性

184. 为贯彻落实（　），商务部、财政部、中华全国总工会从 2009 年开始实施“家政服务工程”，明确工会培训机构是实施家政培训的主力。

A.《国务院关于做好当前形势下就业工作的通知》

B.《国务院办公厅关于搞活流通扩大消费的意见》

C.《家政服务培训大纲》

D.《劳动合同法》

185. 2009 年 1 月 24 日，国家协调劳动关系三方共同印发《关于应对当前经济形势稳定劳动关系的指导意见》。提出生产经营困难的企业可通过与包括农民工在内的广大职工进行集体协商，采取（ ）等措施，共同应对当前经济困难，稳定就业岗位和劳动关系。

A. 灵活用工　　B. 弹性工时

C. 弹性工资　　D. 组织培训

186. 2009 年 2 月，《中华全国总工会办公厅关于推荐评选全国五一劳动奖状、奖章和全国工人先锋号的通知》要求，全国工人先锋号授予企事业单位、机关和其他社会组织中的（ ）。

A. 流水线　　B. 车间

C. 工段　　D. 班组（科室）

187. 2009 年 3 月，中华全国总工会大力推广基层创造的“双措并举、二次覆盖”是指（ ）。

A. 建立区域性行业性基层工会联合会

B. 聘用社会化职业化工会工作者

C. 实现对小型非公企业建会与维权工作的再覆盖

D. 实现对大中型非公企业建会与维权工作的再覆盖

188. 2009 年 3 月 31 日至 4 月 3 日，中华全国总工会在山西阳泉召开全国工会基层组织建设暨县级工会工作会议。强调借鉴（ ）和成立“项目工会”等创新做法，最大限度地把包括农民工在内的广大职工组织到工会中来。

A. 源头入会　　B. 劳务市场入会

C. 公司入会　　D. 现场入会

189. 2009 年 4 月，中华全国总工会举办“时代领跑者——新中国成立以来最具影响的劳动模范”评选活动，其中受到表彰的（ ）等 37 位劳动模范入选“100 位新中国成立以来感动中国人物”。

A. 孔祥瑞　　B. 王进喜

C. 孟泰　　D. 马恒昌

190. 2009 年 4 月 28 日，中华全国总工会召开庆祝“五一”国际劳动节暨保增长促发展劳动竞赛推进大会。（　）占 82.44%，（　）占 7.77%，同时邀请新中国成立以来各个时期的全国著名劳动模范和先进集体代表，在广大职工和工会干部中引起强烈反响。

A. 一线职工　　B. 普通职工

C. 农民工　　D. 专业技术人员

191. 2009 年 7 月 9 日，中华全国总工会为有效解决中小企业工会干部（　）等突出问题，发布《关于积极开展行业性工资集体协商工作的指导意见》，提出从职工工资分配方面迫切需要解决的突出问题入手，逐步提高。

A. 不敢谈　　B. 不会谈

C. 不能谈　　D. 分类指导

192. 2010 年 4 月 27 日，全国劳动模范和先进工作者表彰大会在人民大会堂隆重举行。大会强调要进一步弘扬（　）的伟大劳模精神，为激励全国各族人民团结奋斗凝聚强大精神力量。

A. 爱岗敬业、争创一流　　B. 艰苦奋斗、勇于创新

C. 淡泊名利、甘于奉献　　D. 坚守执着、精益求精

193. 2010 年 5 月，中华全国总工会印发《关于进一步做好职工队伍和社会稳定工作的意见》，强调密切关注当前职工尤其是（　）的突出问题，不断加大工会维权维稳、法律援助和困难职工帮扶工作力度，及时排查隐患和突出问题，调解处理劳动关系矛盾。

A. 困难职工　　B. 农民工特别是新生代农民工

C. 高校毕业生　　　　　　　　D. 企业法人代表

194. 2010年7月，中华全国总工会召开十五届四次执委会，提出“两个普遍”重点工作目标，即（　）。

A. 依法推动企业普遍建立工会组织

B. 依法推动企业普遍建立职工之家

C. 依法推动企业普遍开展工资集体协商

D. 依法推动企业普遍签订集体合同

195. 2010年7月26日，中华全国总工会十五届四次执委会通过《关于深入学习（　）、大力弘扬（　）的决议》。

A. 劳模精神　　　　　　　　B. 劳动模范

C. 中国工人阶级伟大品格　　D. 社会主义核心价值观

196. 2010年，中华全国总工会制定《工会参与劳动争议处理工作三年规划》，通过大力推动企业和区域性（　）建设，推行人民法院委托（　）调解劳动争议案件等工作，维护改革发展稳定大局。

A. 劳动争议调解组织　　　　B. 劳动争议仲裁组织

C. 工会　　　　　　　　　　D. 政府

197. 2011年1月，中华全国总工会制定并颁布《(　)—(　)年劳动竞赛规划》。这是我国制定的第一个全国性五年劳动竞赛规划，标志着劳动竞赛的系统性和科学性有了重大发展。

A. 2010　　　　　　　　　　B. 2011

C. 2014　　　　　　　　　　D. 2015

198. 根据“两个普遍”的工作要求，2011年1月，中华全国总工会发布（　）两个三年规划。

A.《中华全国总工会2011—2013年深入学习科学发展观工作

规划》

B.《中华全国总工会2011—2013年职工培训工作规划》

C.《中华全国总工会2011—2013年推动企业普遍建立工会组织工作规划》

D.《中华全国总工会2011—2013年深入推进工资集体协商工作规划》

199. 2011年2月，中华全国总工会开通全国工会干部教育培训网在线学习平台，为全国各级工会干部打造集（　）等多功能于一体的网上教育教学培训系统。

A. 在线学习　　B. 课件下载

C. 在线考试　　D. 交流互动

200. 2011年，中华全国总工会将（　）等工程建设劳动竞赛纳入全国重大工程示范性劳动竞赛。

A. 西部大庆　　B. 港珠澳大桥

C. 新疆交通项目　　D. 保障性安居工程

201. 2011年5月3日，中华全国总工会印发《关于建立健全职工法律援助等维权服务长效机制的意见》，要求建立健全（　），增强工会维权工作的预见性、前瞻性和主动性。

A. 法律援助机制　　B. 劳动法律监督机制

C. 劳动争议处理机制　　D. 法制宣传教育机制

202. 2011年8月15日至16日，中华全国总工会、人力资源和社会保障部、全国工商联、中国企业联合会、中央宣传部联合在北京举行全国构建和谐劳动关系先进表彰暨经验交流会，提出（　）的劳动关系是劳动关系工作目标要求。

A. 规范有序　　B. 公正合理
C. 互利共赢　　D. 和谐稳定

203. 2011 年 9 月 23 日，中华全国总工会发出《关于进一步推进工会帮扶工作常态化、长效化的指导意见》，提出形成（　）三位一体的帮扶工作格局。

A. 帮扶　　B. 救助
C. 维权　　D. 服务

204. 2011 年 10 月，全国总工会从历届全国模范职工之家单位和全国优秀工会工作者中，分别评出 10 个单位和个人，当时称为（　），并授予全国五一劳动奖状和奖章，组织事迹报告团到地方进行巡回报告，产生较大的影响。

A. “十面红旗”　　B. “十个集体”
C. “十大标兵”　　D. “十个个人”

205. 2011 年 11 月，中华全国总工会制定《（　）评选管理工作暂行办法》，就荣誉称号的授予范围和条件、奖励和待遇、管理、荣誉称号的撤销等方面作出明确规定，为打造和做强五一劳动奖的品牌提供坚实的制度基础。

A. 全国五一劳动奖状　　B. 全国五一劳动奖章
C. 全国工人先锋号　　D. 大国工匠

206. 2012 年 1 月 8 日，中华全国总工会通过《关于学习宣传实践中国特色社会主义工会发展道路的决议》。中国特色社会主义工会发展道路必须坚持自觉接受（　）的领导，坚持（　）性质。

A. 国家　　B. 党
C. 工人阶级的社会主义　　D. 中国工会的社会主义

207. 2012 年 1 月，中华全国总工会在人民大会堂举行全国工会送温暖活动开展（　）、困难职工帮扶中心建设（　）座谈会。

A. 20 周年　　B. 10 周年

C. 5 周年　　D. 3 周年

208. 2012 年 6 月，中华全国总工会发出《关于深入推进全国工会“面对面、心贴心、实打实服务职工在基层”活动的通知》，活动重点是（　）的企业。

A. 生产经营困难　　B. 困难职工多

C. 劳动关系矛盾突出　　D. 工会工作薄弱

209. 2012 年 11 月 21 日，中华全国总工会召开“学习贯彻（　）精神、总结（　）以来工会工作成就”座谈会。

A. 党的十八大　　B. 党的十七大

C. 党的十六大　　D. 党的十五大

210. 中国梦的核心是实现（　）。

A. 国家富强　　B. 民族振兴

C. 人民幸福　　D. 社会和谐

211. 2013 年 4 月 28 日，习近平总书记在全国总工会机关同全国劳动模范代表座谈时指出，必须牢固树立（　）的观念，崇尚劳动，造福劳动者。

A. 劳动最光荣　　B. 劳动最伟大

C. 劳动最崇高　　D. 劳动最美丽

212. 2013 年 7 月，（　）由中国工人出版社出版发行。

A.《习近平总书记在同全国劳动模范代表座谈时重要讲话学习读本》

B.《巨大的鼓舞　行动的指南——学习习近平总书记同全国劳动模范代表座谈时重要讲话心得》

C.《习近平谈治国理政》

D.《习近平总书记关于工人阶级和工会工作的重要论述》

213. 2013年10月18日至22日，中国工会第十六次全国代表大会在北京举行，大会通过（　　）。

A.《关于中华全国总工会第十五届执行委员会报告的决议》

B.《关于〈中国工会章程（修正案）的决议〉》

C.《关于中华全国总工会第十五届执行委员会财务工作报告的决议》

D.《关于中华全国总工会第十五届经费审查委员会工作报告的决议》

214. 2013年10月20日至21日，中华全国总工会第十六届执行委员会第一次全体会议选出新一届领导班子，特别是来自基层企业的码头工人（　　）和矿山工人（　　），作为工人阶级的先进代表当选中华全国总工会兼职副主席。

A. 许振超　　B. 郭明义

C. 高凤林　　D. 巨晓林

215. 2013年10月22日，中国工会第十六次全国代表大会通过《中国工会章程（修正案）》。在总则部分，增加把工会建设成为深受职工群众信赖的（　　）“职工之家”等内容。

A. 学习型　　B. 知识型

C. 服务型　　D. 创新型

216. 2014年4月30日，习近平总书记在乌鲁木齐接见劳动模范和先进工作者、先进人物代表时强调，实现我们确立的奋斗目标，归根到底要靠（　）。

A. 辛勤劳动　　B. 诚实劳动

C. 科学劳动　　D. 创造性劳动

217. 2014 年 7 月 30 日，中华全国总工会下发《中华全国总工会关于新形势下加强基层工会建设的意见》，提出要将加强基层工会建设纳入党政工作大局和工会工作全局谋划，以（　）为标尺，把基层工会建设成为职工群众信赖的“职工之家”。

A. 职工满意不满意　　B. 职工人数多不多

C. 工会作用发挥充分不充分　　D. 工会活动丰富不丰富

218. 2014 年 11 月，中华全国总工会下发《关于在广大职工中培育和践行社会主义核心价值观的实施意见》，要求各级工会把社会主义核心价值观融入广大职工的（　）等各个方面，以社会主义核心价值观集聚广大职工为实现中国梦而奋斗的强大合力。

A. 政治立场　　B. 价值追求

C. 职业操守　　D. 精神境界

219. 2015 年 1 月 8 日，中共中央印发《关于加强和改进党的群团工作的意见》，对加强和改进党的群团组织的（　），发挥群团组织作用，推动群团组织改革创新提出明确要求和一系列政策举措。

A. 政治领导　　B. 思想领导

C. 文化领导　　D. 组织领导

220. 2015 年 1 月 29 日，中华全国总工会下发《中华全国总工会关于贯彻落实党的十八届四中全会精神大力推进工会工作法治化建设的实施意见》，明确工会推进法治化建设必须把握的基本原则有

（ ）。

A. 坚持党的领导　　B. 坚持法治原则

C. 坚持职工为本　　D. 坚持和谐发展

221. 中共中央印发的《关于加强社会主义协商民主建设的意见》提出要推进多种协商民主渠道建设，以下属于意见中强调推进的协商民主渠道有（ ）

A. 政党协商　　B. 人大协商

C. 政府协商　　D. 政协协商

E. 人民团体协商　　F. 基层协商

G. 社会组织协商

222. 2015 年 3 月，中共中央、国务院发布《关于构建和谐劳动关系的意见》，明确把解决广大职工最关心最直接最现实的利益问题，作为构建和谐劳动关系的根本（ ）和（ ）。

A. 出发点　　B. 落脚点

C. 要求　　D. 措施

223. 2015 年 4 月 10 日，中华全国总工会下发《全国职工素质建设工程五年规划（2015—2019 年）》，提出培育形成一批职工素质建设工程品牌，努力建设一支强大的（ ）职工队伍。

A. 知识型　　B. 技术型

C. 创新型　　D. 领先型

224. 2015 年 4 月 28 日，习近平总书记在庆祝“五一”国际劳动节暨表彰全国劳动模范和先进工作者大会上强调，在前进道路上，我们要始终（ ）最广大人民根本利益，让改革发展成果更多更公平惠及人民。

A. 实现好　　B. 维护好

C. 发展好　　D. 保障好

225. 2015年7月6日至7日，中央党的群团工作会议在北京召开。习近平总书记强调，党的群团工作和群团组织，必须保持和增强（　），这是群团工作和群团组织的本质属性、基本定位和工作主线。

A. 先进性　　B. 政治性

C. 阶级性　　D. 群众性

226. 2015年7月23日，中央改革办下发通知，决定在（　）开展群团组织改革试点。

A. 全国总工会　　B. 上海

C. 广东　　D. 重庆

227. 2015年11月9日，习近平总书记主持召开中央全面深化改革领导小组第十八次会议，审议通过（　）。

A.《全国总工会改革试点方案》

B.《上海市群团改革试点方案》

C.《重庆市群团改革试点方案》

D.《深圳市群团改革试点方案》

228. 2016年1月，中华全国总工会召开十六届四次执委会议，通过《中华全国总工会关于认真学习贯彻党的十八届（　）精神、组织动员广大职工为实现（　）建功立业的决议》。

A. 三中全会　　B. 五中全会

C. 全面深化改革　　D."十三五"规划

229. 2016年2月，根据《全总改革试点方案》和《中央编办关于中华全国总工会机关内设机构和行政编制调整的批复》，全国总工会机关新成立的两个部门是（　）。

A. 网络工作部　　B. 网络信息部

C. 社会联络部　　D. 社会工作部

230. 2016 年，中华全国总工会以（　）为抓手，打造全国工会系统服务职工网络。

A. 一片心　　B. 一叠卡

C. 一张网　　D. 一个家

231. 2016 年 3 月，各省级总工会将（　）~（　）的五一劳动奖表彰名额面向社会征集。这种“海选”模式扩大了五一劳动奖评选的社会参与度。

A. 10%　　B. 15%

C. 20%　　D. 25%

232. 2016 年 4 月 26 日，习近平总书记在安徽省合肥市主持召开知识分子、劳动模范、青年代表座谈会上强调，广大知识分子、广大劳动群众、广大青年要（　），把自身的前途命运同国家和民族的前途命运紧紧联系在一起，努力为全面建成小康社会贡献智慧和力量。

A. 紧跟时代　　B. 肩负使命

C. 锐意进取　　D. 笃行不怠

233. 2016 年 5 月 20 日，中华全国总工会出台《关于进一步做好困难职工解困脱困工作的实施意见》。要求既要帮助困难职工解决眼前困难，做到无基本生活之忧；又要帮助他们（　），走上致富之路，确保到 2020 年困难职工同步迈入（　）。

A. 脱困　　B. 脱贫

C. 小康之家　　D. 小康社会

234. 2016 年 8 月 21 日，中央全面深化改革领导小组办公室下达改革任务书，要求由全国总工会牵头，会同（　）等部门，做好产业工人队伍建设改革方案的起草制定工作。

A. 国家发展改革委　　B. 教育部

C. 工业和信息化部　　D. 人力资源和社会保障部

235. 2016 年 9 月，中华全国总工会下发《2016—2020 年劳动和技能竞赛规划》，把（　）与（　）的概念相融合，体现对职工技能提升、企业技术创新的高度重视。

A. 技能竞赛　　B. 劳动竞赛

C. 提升职工技能素质　　D. 提高企业经济效益

236. 2016 年 12 月 5 日，中华全国总工会、民政部、人力资源和社会保障部印发《关于加强工会社会工作专业人才队伍建设的指导意见》。工会社会工作专业人才是指具有一定的（　）专业理念、知识和技能，面向广大职工提供工会组建、权益维护、争议调处、困难帮扶、教育引导、人文关怀、职业发展等方面（　）的专门人员，是国家社会工作专业人才队伍的重要组成部分。

A. 社会工作　　B. 社会组织

C. 社会服务　　D. 法律服务

237. 2016 年 12 月 9 日，中华全国总工会印发《关于充分发挥工会在建设（　）技术工人队伍中作用的意见》，进一步强调工会在培养造就更多“大国工匠”中的作用。

A. 知识型　　B. 技术型

C. 创新型　　　　D. 实干型

238. 2016 年 12 月底,《中华人民共和国公共文化服务保障法》将（　）和（　）一并纳入国家公共文化设施服务场所范围。

A. 职工书屋　　　　B. 工人文化宫

C. 职工之家　　　　D. 户外劳动者驿站

239. 2017 年 2 月 6 日，习近平总书记主持召开中央全面深化改革领导小组第三十二次会议，审议通过（　）。

A.《中国工会章程》

B.《新时期产业工人队伍建设改革方案》

C.《关于全国总工会改革试点工作总结报告》

D.《关于落实习总书记重要指示加强基层工会建设调研情况的报告》

240. 2017 年 2 月 9 日，中华全国总工会办公厅印发《全国工会网上工作纲要（2017—2020 年）》，推进互联网在工会的（　）和（　），构建（　）工会服务职工体系，打造方便快捷、务实高效的服务职工新通道，不断提升运用网络服务职工的能力水平。

A. 广泛应用　　　　B. 融合发展

C. “互联网 +”　　　　D. “互联网 + 工会”

241. 2017 年 4 月，中共中央、国务院印发的《新时期产业工人队伍建设改革方案》提出，要把产业工人队伍建设作为实施科教兴国战略、人才强国战略、创新驱动发展战略的重要支撑和基础保障，纳入国家和地方经济社会发展规划，造就一支（　）的宏大的产业工人队伍。

A. 有理想守信念　　　　B. 懂技术会创新

C. 敢担当讲奉献　　　　D. 能吃苦爱学习

242. 2017 年，中华全国总工会联合（　），持续开展“尊法守法・携手筑梦”服务农民工公益法律服务行动。

A. 人社部　　B. 司法部

C. 宣传部　　D. 中华全国律师协会

243. 2017 年 7 月 6 日，中华全国总工会发布《关于进一步深化劳模和工匠人才创新工作室创建工作的意见》。指出创新工作室是由具有较强技术能力、业务能力、创新能力和管理能力的劳模、工匠人才领衔，以（　）为主要内容，以解决工作现场难题、推动所在单位创新发展为目标的群众性创新活动团体。

A. 技术创新　　B. 管理创新

C. 服务创新　　D. 制度创新

244. 2017 年 9 月，中华全国总工会首次提出推进（　）、家政服务员、商场信息员、网约送餐员、房产中介员、保安员等八大群体建会入会要求，切实把平台就业、灵活就业群体组织起来，维护职工队伍稳定，服务党和国家工作大局。

A. 话务员　　B. 货车司机

C. 快递员　　D. 护工护理员

245. 2018 年 3 月，中共中央办公厅、国务院办公厅印发《关于提高技术工人待遇的意见》，以高技能领军人才为重点支持对象，进一步完善技术工人培养、评价、使用、激励、保障等措施。高技能领军人才包括（　）。

A. 全国劳动模范

B. 中华技能大奖获得者

C. 享受省级以上政府特殊津贴人员

D. 全国技术能手

246. 2018 年 4 月 30 日，习近平总书记给中国劳动关系学院劳模本科班学员回信，高度肯定劳动模范为党和国家事业发展作出的突出贡献，殷切期望广大劳动模范（　），用干劲、闯劲、钻劲鼓舞更多的人争做新时代的奋斗者。

A. 珍惜荣誉　　B. 努力学习

C. 继续拼搏　　D. 再创佳绩

247. 中国工会第十七次全国代表大会的重要成果，就是把（　）确立为中国工会的指导思想，把（　）确定为新时代工运事业和工会工作创新发展的行动指南。

A. 中国特色社会主义思想

B. 习近平新时代中国特色社会主义思想

C. 习近平总书记关于工人阶级和工会工作的重要论述

D. 关于工人阶级的重要论述

248. 2018 年 10 月 26 日，中国工会第十七次全国代表大会通过《中国工会章程（修正案）》，充实工人阶级（　），鲜明强调中国工会（　）和（　）的政治责任。

A. 是中国共产党最坚实最可靠的阶级基础

B. 坚持自觉接受中国共产党的领导

C. 承担团结引导职工群众听党话、跟党走

D. 竭诚服务职工群众

249. 2018 年 10 月 29 日，习近平总书记在同中华全国总工会新一届领导班子成员集体谈话时指出，引导职工群众听党话、跟党走，巩固党执政的（　）和（　）是工会组织的政治责任。

A. 阶级基础　　B. 群众基础

C. 组织基础　　D. 政治基础

250. 2019 年 2 月，全国总工会召开十七届二次执委会议，提出要围绕构建产业工人技能形成体系、创新产业工人发展制度等，推动出台更高含金量的政策，完善技术工人（　）等措施。

A. 培养　　B. 评价

C. 使用　　D. 激励

251. 2019 年 4 月 23 日，中华全国总工会作出《中华全国总工会关于表彰 2019 年全国五一劳动奖和全国工人先锋号的决定》。此次表彰坚持面向（　），重点向（　）倾斜。

A. 基层一线　　B. 大国工匠

C. 产业工人　　D. 全国技术能手

252. 2019 年 6 月 5 日，中华全国总工会、人力资源社会保障部、中国企业联合会 / 中国企业家协会、中华全国工商业联合会联合下发《关于实施集体协商“(　)”行动计划的通知》，贯彻落实中国共产党第十九次全国代表大会提出的“发展基层协商民主”和“完善政府、企业、工会共同参与的协商协调机制，构建和谐劳动关系”的要求。

A. 稳就业　　B. 促发展

C. 构和谐　　D. 维权益

253. 2019 年 9 月，习近平总书记对我国选手在世界技能大赛取得佳绩作出重要指示：技术工人队伍是支撑（　）的重要基础，对推动经济高质量发展具有重要作用。

A. 中国制造　　B. 中国创造

C. 脱贫攻坚　　D. 乡村振兴

254. 2019 年 11 月，在全国总工会、国家卫生健康委、文化和旅游部、国家体育总局的共同指导下，全国职工健康促进工程正式启动。“职健工程”是由（　）负责全面实施推进，面向广大职工推进（　）和（　）的一项社会系统工程，是实施健康中国行动的重要组成部分。

A. 工人疗养院　　B. 中国职工国际旅行社总社

C. 疾病预防　　D. 健康促进

255. 2020 年 4 月 30 日，习近平总书记给郑州圆方集团全体职工回信，向他们并向全国各族劳动群众致以节日的问候。“希望广大劳动群众（　），在平凡岗位上续写不平凡的故事，用自己的辛勤劳动为疫情防控和经济社会发展贡献更多力量。”

A. 坚定信心　　B. 保持干劲

C. 弘扬劳动精神　　D. 克服艰难险阻

256. 2020 年 6 月，中华全国总工会印发《关于在做好“六稳”工作落实“六保”任务中充分发挥工会组织作用的意见》，要求各级工会积极推动（　）落地见效，着力加大（　）工作力度。

A. 产业工人队伍建设改革　　B. 全面强化就业优先政策

C. 困难职工帮扶和解困脱困　　D. 基层工会改革

257. 2020 年 6 月 28 日，中华全国总工会办公厅印发《中央财政专项帮扶资金使用管理办法》。明确各省（区、市）工会，按照（　）等困难类别，建立梯度困难职工档案，根据其困难类别实施分层分类帮扶。

A. 深度困难职工　　B. 相对困难职工

C. 意外致困职工　　　　　　　D. 未成年工

258. 2020 年 11 月 24 日，全国劳动模范和先进工作者表彰大会隆重召开。习近平总书记对（　）作出全面系统深刻阐述。

A. 劳模精神　　　　　　　　B. 劳动精神

C. 奉献精神　　　　　　　　D. 工匠精神

259. 2020 年 12 月 10 日，习近平总书记致信祝贺首届全国职业技能大赛举办，强调各级党委和政府要高度重视技能人才工作，大力弘扬劳模精神、劳动精神、工匠精神，激励更多劳动者特别是青年一代走（　）之路，培养更多高技能人才和大国工匠，为全面建设社会主义现代化国家提供有力人才保障。

A. 人才强国　　　　　　　　B. 科教兴国

C. 技能成才　　　　　　　　D. 技能报国

260. 2021 年 3 月 2 日，中华全国总工会机关召开党史学习教育动员大会。号召重温入党誓词；走进红色工运旧址，感受党领导工人运动从（　）到（　）的波澜壮阔。

A. 石库门　　　　　　　　　B. 嘉兴红船

C. 天安门　　　　　　　　　D. 雨花台

261. 2021 年 4 月，中华全国总工会办公厅发布《工会劳动法律监督办法》，重点围绕用人单位（　）等问题，规范和加强工会劳动法律监督工作。

A. 恶意欠薪

B. 违法超时加班

C. 违法裁员

D. 未缴纳或未足额缴纳社会保险费

262. 2021 年 7 月，中华全国总工会下发《劳动和技能竞赛规划（2021—2025 年）》，明确（　）时期劳动和技能竞赛总体要求和主要目标，提出要紧扣推动高质量发展，广泛深入持久开展（　）主题劳动和技能竞赛。

A.“十三五”

B.“十四五”

C.“当好主人翁、建功新时代”

D.“建功‘十四五’、奋进新征程”

263. 2021 年 7 月 16 日，人力资源社会保障部与全国总工会等 8 部门联合印发《关于维护新就业形态劳动者劳动保障权益的指导意见》，进一步规范平台用工关系，对维护好新就业形态劳动者的（　）等权益作出明确要求。

A. 劳动报酬　　B. 合理休息

C. 社会保险　　D. 劳动安全

264. 2021 年 7 月 28 日，中华全国总工会印发的《关于切实维护新就业形态劳动者劳动保障权益的意见》，提出最大限度地把新就业形态劳动者（　），进一步夯实党长期执政的阶级基础和群众基础。

A. 发动起来　　B. 吸引过来

C. 组织起来　　D. 稳固下来

265. 2021 年 7 月 30 日，中华全国总工会启动新就业形态劳动者入会集中行动，力争到 2022 年 12 月底，新发展（　）等 4 个群体会员 800 万人以上。

A. 货车司机　　B. 网约车司机

C. 快递员　　D. 外卖配送员

266. 2021 年 9 月 18 日，中华全国总工会印发《关于推进新就业形态劳动者入会工作的若干意见（试行）》，从（　）等方面作出明确规定。

A. 夯实新就业形态劳动者入会组织基础

B. 明确入会路径

C. 创新入会及管理方式

D. 深化维权服务工作

E. 强化工作经费保障

267. 2021 年 9 月 29 日，全国总工会工会理论和劳动关系智库成立大会暨首届智库研讨会在北京召开，宣告全国总工会智库成立。全国总工会智库专家涵盖党建和工运理论和（　）等领域领军专家人才。

A. 劳动关系　　B. 劳动法律

C. 劳动经济　　D. 社会保障

E. 社会政策

268.《中华人民共和国工会法》历经（　）三次修正。

A. 2001 年　　B. 2009 年

C. 2021 年　　D. 2023 年

269. 2021 年 12 月 24 日，十三届全国人大常委会第三十二次会议通过的《中华人民共和国工会法》，明确将（　）确立为工会工作的指导思想。

A. 习近平新时代中国特色社会主义思想同马克思列宁主义

B. 毛泽东思想

C. 邓小平理论

D.“三个代表”重要思想

E. 科学发展观

270. 2021 年 12 月 31 日，中华全国总工会办公厅印发《关于建立健全工会领导机关干部赴基层蹲点工作长效机制的意见》，提出实现赴基层蹲点工作（　　）。

A. 常态化　　B. 制度化

C. 长效化　　D. 年轻化

271. 2022 年 1 月 7 日，第九次全国职工队伍状况调查正式启动。在网络专项调查上设计（　　）问卷，是此次调研的创新尝试。

A.“提升职工生活品质”　　B.“新就业形态劳动者”

C.“全国职工总数”　　D.“平均受教育年限”

272. 2022 年 2 月 25 日，中华全国总工会召开全国推进新就业形态劳动者工会工作电视电话会议，强调各级工会要努力实现新就业形态劳动者（　　）覆盖和（　　）覆盖双提升，大力推行“重点建、行业建、兜底建”模式。

A. 工会组织　　B. 工作

C. 行业工会　　D. 基层组织

273. 2022 年 4 月，习近平总书记致信祝贺首届大国工匠创新交流大会举办，强调我国工人阶级和广大劳动群众要大力弘扬劳模精神、劳动精神、工匠精神，适应当今世界科技革命和产业变革的需要，（　　），不断提高技术技能水平，为推动高质量发展、实施制造强国战略、全面建设社会主义现代化国家贡献智慧和力量。

A. 勤学苦练　　B. 深入钻研

C. 勇于创新　　D. 敢为人先

274. 2022 年 4 月 25 日，中华全国总工会印发《关于加强新时代工会女职工工作的意见》，要求贯彻落实（　）基本国策，牢牢把握为实现中华民族伟大复兴的中国梦而奋斗的工人运动时代主题，推动实施（　），切实履行维权服务基本职责。

A. 计划生育

B. 男女平等

C.《中国妇女发展纲要（2021—2025 年）》

D.《中国妇女发展纲要（2021—2030 年）》

275. 2022 年 7 月 29 日，中华全国总工会新闻中心召开“党的十八大以来工会工作成就经验”新闻发布会。目前全国共有（　）个基层工会组织，近（　）名会员。

A. 180 多万　　B. 280 多万

C. 3 亿　　D. 3.3 亿

276. 全国总工会决定自 2022 年 9 月至 2023 年 9 月，在工会系统集中开展（　）专项工作。全国总工会明确对口联系（　）个县级工会，安排 1.5 亿元预算给予重点支持。

A.“党史学习教育”　　B.“县级工会加强年”

C. 100　　D. 500

277. 2022 年 10 月 16 日至 22 日，中国共产党第二十次全国代表大会在北京召开。习近平总书记在报告中强调，要健全劳动法律法规，完善劳动关系协商协调机制，完善劳动者权益保障制度，加强（　）和（　）劳动者权益保障。

A. 农民工　　B. 城镇困难职工

C. 灵活就业　　D. 新就业形态

278. 2022 年 11 月 12 日，习近平总书记给中国航空工业集团沈飞“罗阳青年突击队”的队员们回信，勉励他们学习贯彻好党的二十大精神，争做（　）的新时代好青年，为建设航空强国积极贡献力量。

A. 有理想　　B. 敢担当

C. 能吃苦　　D. 肯奋斗

279. 2022 年 11 月，中华全国总工会下发《关于进一步做好提升职工生活品质试点工作的通知》，提出各级工会聚焦“（　）+（　）+（　）”协作模式，着力打造一批服务职工阵地和基地。

A. 帮扶中心　　B. 服务职工基地

C. 基层工会　　D. 地方工会

280. 2022 年 11 月，中华全国总工会印发《关于深入推进“兜底建”工作的指导意见》，针对“兜底建”工作面临的一些关键性问题作出规定，致力于大力推行并进一步规范（　）模式，最大限度把新就业形态劳动者组织到工会中来。

A.“重点建”　　B.“行业建”

C.“兜底建”　　D.“企业建”

281. 2023 年 1 月 4 日，人力资源社会保障部、中华全国总工会、中国企业联合会 / 中国企业家协会和中华全国工商业联合会下发《关于推进新时代和谐劳动关系创建活动的意见》，确定（　）的创建重点内容和创建标准。

A. 企业　　B. 工业园区

C. 街道（乡镇）　　D. 各级地方产业工会

282. 2023 年 2 月 28 日，中华全国总工会、中央广播电视总台联合举办

2022年“大国工匠年度人物”发布活动，（　）等10位大国工匠登榜。

A. 成卫东　　B. 母永奇

C. 何小虎　　D. 田得梅

283. 2023年4月30日，习近平总书记在“五一”国际劳动节到来之际向全国广大劳动群众致以节日的祝贺和诚挚的慰问，希望广大劳动群众依靠劳动创造扎实推进中国式现代化，在（　）的新征程上充分发挥主力军作用。

A. 中国梦　　B. 强国建设

C. 民族复兴　　D. 两个一百年

284. 2023年5月23日，全国总工会印发（　），部署在全国范围内开展为期近（　）的推进社会组织建会专项行动，持续推动具备建会条件的社会组织依法建立工会。

A.《关于改革社会组织管理制度促进社会组织健康有序发展的意见》

B.《推进社会组织建会专项行动方案》

C. 两年

D. 三年

285. 2023年6月6日，中华全国总工会在河北省保定市长城哈弗物流园（　）举行（　）关爱货车司机行动启动仪式。

A.“司机之家”　　B.“工会伴您益路同行”

C.“户外劳动者驿站”　　D.“情暖旅途”

286. 2023年9月21日，中华全国总工会和教育部联合开展金秋助学活动和阳光就业行动，共同打造“（　）—（　）—（　）”全链条服务体系。

A. 助学帮扶　　B. 学习实践

C. 就业援助　　D. 养老保险

287. 2023 年 9 月 27 日，快递业（　）一体化建设在北京启动。

A. “会”　　B. “站”

C. “家”　　D. “网”

288. 2023 年 10 月 9 日，中国工会第十八次全国代表大会在北京开幕。大会的主题：坚持以习近平新时代中国特色社会主义思想为指导，全面贯彻党的二十大精神，深入贯彻习近平总书记关于工人阶级和工会工作的重要论述，（　），忠诚履职、勇于担当，组织动员亿万职工为（　）、（　）团结奋斗。

A. 忠诚党的事业，维护职工权益

B. 全面落实全心全意依靠工人阶级根本方针

C. 全面建设社会主义现代化国家

D. 全面推进中华民族伟大复兴

289. 2023 年 10 月 11 日，中国工会第十八次全国代表大会第二次全体会议选举产生 278 名执行委员会委员。新一届执委中首次出现（　）等新就业形态劳动者的身影。

A. 外卖配送员　　B. 网约车司机

C. 新生代农民工　　D. 教师

290. 2023 年 10 月 12 日，中国工会第十八次全国代表大会通过《中国工会章程（修正案）》，增写（　）等内容。

A. “深刻领悟‘两个确立’的决定性意义”

B. 为实现新时代新征程党的中心任务而奋斗

C. 发展全过程人民民主

D. 深入学习贯彻习近平总书记关于党的建设的重要思想

291. 2024 年 2 月 29 日，在全国工会推行劳动法律监督“一函两书”工作部署会上，最高人民法院相关负责人发表讲话，以下关于全国工会推行劳动法律监督“一函两书”工作部署会中对法院的要求，说法正确的是（　　）。

A. 提高站位，以习近平新时代中国特色社会主义思想为指导，加强组织领导，总结经验做法，营造良好社会氛围，确保工作稳妥有序开展

B. 与工会协调联动，加强沟通协调，完善工作联系和信息共享机制，利用专业优势对工会劳动法律监督员进行业务指导与培训，协助建立专业化队伍

C. 因地制宜，发挥能动司法职能，大胆探索创新，形成促推劳动争议诉源治理的生动局面，服务经济社会高质量发展

D. 主导工会劳动法律监督“一函两书”工作，全面负责工作的组织和实施

292. 聚焦发展全过程人民民主，坚持党的领导、人民当家作主、依法治国有机统一，推动（　　），社会主义法治国家建设达到更高水平。

A. 人民当家作主制度更加健全

B. 协商民主广泛多层制度化发展

C. 大统战工作格局更加完善

D. 中国特色社会主义法治体系更加完善

293. 2024 年 3 月 5 日，第一期全国工会重点工作创新案例发布，首批

共发布 15 个领域 129 个创新案例，涉及国家重大战略、重大工程、重大项目、重点产业以及（ ）等众多行业。

A. 钢铁　　B. 电力

C. 建设　　D. 物流

E. 外卖配送

294. 2024 年 10 月 12 日，中共中央、国务院印发《关于深化产业工人队伍建设改革的意见》，明确提出 9 个方面、27 条举措。以下关于该《意见》的说法正确的是（ ）。

A. 鼓励支持大国工匠、高技能人才参加国情研修

B. 健全以职工代表大会为基本形式的企事业单位民主管理制度，涉及产业工人切身利益的重大事项必须依法依章程经职工代表大会审议通过

C. 加快构建职普融通、产教融合的职业教育体系

D. 推动平台企业建立与工会、劳动者代表常态化沟通协商机制

295. 关于加强产业工人队伍党建工作，《中共中央 国务院关于深化产业工人队伍建设改革的意见》指出，加强企业党组织建设。加强新经济组织、新就业群体党建工作，及时有效扩大党的（ ）和（ ）。

A. 组织覆盖　　B. 思想覆盖

C. 工作覆盖　　D. 宣传覆盖

296. 2024 年 10 月 14 日，全国总工会正式启动创新打造“中国工人大思政课”工作，按照（ ）的要求，全方位整合工会宣传资源，把思政课讲好讲深讲活。

A. 传播思想教育大理论　　B. 构建授课主体大师资

C. 面向亿万职工大群体　　　　D. 打造线上线下大课堂

297. 2024 年 11 月 6 日，全国总工会、人力资源社会保障部、中国企业联合会、全国工商联联合印发《新就业形态劳动者权益协商指引》。根据《指引》，协商包括以下（　）形式。

A. 集体协商　　　　B. 协商洽谈会

C. 协商协调会　　　　D. 协商恳谈会

298. 2025 年 1 月，中共中央、国务院印发的《教育强国建设规划纲要（2024—2035 年）》指出，“加快建设现代职业教育体系，培养大国工匠、能工巧匠、高技能人才”。下列关于加快建设现代职业教育体系意义的表述，正确的有（　）。

A. 仅能提升个人学历层次，对产业发展作用有限

B. 有助于推动产业转型升级，促进经济高质量发展

C. 能为社会提供大量高素质技术技能人才，满足市场需求

D. 有利于弘扬工匠精神，营造崇尚技能的社会氛围

299. 习近平总书记在庆祝中华全国总工会成立 100 周年暨全国劳动模范和先进工作者表彰大会上指出，我国工会不愧是（　），不愧是（　），不愧是（　）。

A. 党联系职工群众的桥梁和纽带

B. 社会主义国家政权的重要社会支柱

C. 职工温暖之家

D. 职工利益的代表者和维护者

300. 2025 年 5 月，全国总工会联合最高人民法院、最高人民检察院、司法部、人力资源社会保障部、中华全国工商业联合会、中国企业联合会 / 中国企业家协会等六部门印发《共同保障劳动者合法

权益工作指引》，首次明确要求深化（　　）协同机制，重点解决欠薪、超时加班等突出问题。

A. 检察机关法律监督

B. 人社部门劳动保障监察

C. 应急管理部门安全卫生监督

D. 工会劳动法律监督

参考答案

◎**单选题**

1. A	2. A	3. B	4. B	5. B
6. C	7. B	8. B	9. D	10. A
11. B	12. C	13. A	14. B	15. B
16. B	17. A	18. C	19. A	20. A
21. A	22. A	23. B	24. C	25. B
26. B	27. C	28. A	29. B	30. B
31. A	32. D	33. B	34. C	35. A
36. B	37. C	38. D	39. B	40. C
41. B	42. B	43. A	44. C	45. A
46. B	47. A	48. A	49. A	50. A
51. B	52. C	53. C	54. B	55. C
56. B	57. B	58. A	59. B	60. B
61. B	62. A	63. B	64. A	65. A
66. D	67. A	68. A	69. B	70. A
71. A	72. C	73. C	74. A	75. A
76. A	77. A	78. B	79. A	80. B
81. A	82. B	83. B	84. C	85. B

86. B	87. C	88. C	89. B	90. C
91. B	92. C	93. A	94. D	95. A
96. B	97. D	98. C	99. B	100. B
101. C	102. D	103. B	104. B	105. C
106. A	107. A	108. B	109. A	110. A
111. C	112. B	113. A	114. B	115. C
116. A	117. D	118. B	119. D	120. C
121. C	122. A	123. A	124. B	125. B
126. D	127. A	128. C	129. A	130. B
131. B	132. C	133. A	134. A	135. A
136. C	137. A	138. B	139. C	140. B
141. A	142. C	143. A	144. A	145. B
146. B	147. B	148. A	149. B	150. B
151. C	152. B	153. C	154. C	155. B
156. D	157. A	158. D	159. A	160. C
161. A	162. B	163. A	164. D	165. B
166. A	167. B	168. B	169. A	170. C
171. C	172. B	173. C	174. A	175. D
176. D	177. C	178. B	179. C	180. D
181. A	182. C	183. B	184. C	185. B
186. B	187. B	188. A	189. C	190. D
191. A	192. A	193. B	194. C	195. C
196. A	197. A	198. A	199. A	200. A
201. B	202. B	203. A	204. B	205. B

206. B	207. C	208. B	209. C	210. D
211. B	212. C	213. B	214. C	215. A
216. B	217. A	218. B	219. A	220. B
221. A	222. B	223. A	224. A	225. A
226. A	227. A	228. C	229. C	230. B
231. C	232. A	233. B	234. C	235. A
236. B	237. B	238. C	239. A	240. C
241. A	242. B	243. A	244. D	245. A
246. A	247. A	248. C	249. A	250. B
251. B	252. A	253. B	254. B	255. A
256. D	257. D	258. D	259. B	260. C
261. A	262. C	263. B	264. A	265. A
266. D	267. D	268. C	269. C	270. A
271. C	272. A	273. B	274. A	275. B
276. B	277. D	278. A	279. A	280. B
281. D	282. C	283. C	284. B	285. A
286. B	287. B	288. A	289. B	290. B
291. C	292. B	293. C	294. C	295. B
296. B	297. C	298. C	299. A	300. A
301. A	302. C	303. B	304. D	305. B
306. D	307. A	308. B	309. C	310. A
311. B	312. B	313. C	314. A	315. C
316. A	317. C	318. A	319. C	320. B
321. A	322. A	323. D	324. A	325. C

326. C	327. A	328. C	329. B	330. C
331. D	332. A	333. B	334. C	335. A
336. B	337. D	338. A	339. B	340. C
341. D	342. C	343. B	344. A	345. B
346. A	347. B	348. D	349. B	350. A
351. C	352. C	353. B	354. D	355. A
356. B	357. C	358. C	359. B	360. A
361. A	362. B	363. B	364. C	365. B
366. B	367. A	368. B	369. C	370. B
371. D	372. A	373. B	374. C	375. D
376. A	377. A	378. B	379. B	380. C
381. C	382. A	383. C	384. C	385. B
386. A	387. D	388. A	389. A	390. B
391. C	392. B	393. A	394. B	395. C
396. D	397. B	398. C	399. D	400. B
401. C	402. C	403. A	404. A	405. C
406. B	407. A	408. C	409. C	410. B
411. D	412. C	413. A	414. C	415. B
416. B	417. B	418. C	419. B	420. D
421. A	422. A	423. C	424. B	425. A
426. B	427. D	428. B	429. D	430. A
431. B	432. C	433. B	434. A	435. C
436. A	437. A	438. A	439. D	440. C
441. B	442. B	443. B	444. A	445. C

446. D	447. B	448. D	449. D	450. B
451. C	452. D	453. B	454. B	455. C
456. A	457. C	458. B	459. A	460. C
461. B	462. D	463. C	464. A	465. B
466. C	467. C	468. B	469. B	470. B
471. C	472. D	473. C	474. B	475. C
476. B	477. C	478. D	479. A	480. B
481. A	482. C	483. C	484. C	485. A
486. B	487. A	488. C	489. B	490. B
491. A	492. C	493. A	494. B	495. B
496. A	497. C	498. A	499. D	500. C
501. C	502. A	503. B	504. D	505. D
506. C	507. B	508. C	509. D	510. C
511. A	512. A	513. A	514. B	515. A
516. B	517. C	518. C	519. C	520. A
521. B	522. A	523. B	524. C	525. A
526. A	527. C	528. A	529. C	530. B
531. B	532. B	533. C	534. A	535. D
536. C	537. B	538. C	539. D	540. D
541. C	542. C	543. C	544. A	545. D
546. B	547. B	548. C	549. A	550. B
551. B	552. D	553. B	554. B	555. A
556. C	557. D	558. B	559. D	560. C
561. C	562. C	563. A	564. B	565. A

566. A	567. D	568. B	569. B	570. A
571. D	572. A	573. B	574. A	575. B
576. C	577. D	578. B	579. C	580. C
581. D	582. B	583. A	584. C	585. C
586. B	587. A	588. D	589. C	590. A
591. A	592. A	593. B	594. B	595. B
596. B	597. D	598. A	599. B	600. B
601. B	602. D	603. B	604. C	605. B
606. C	607. A	608. B	609. C	610. C
611. A	612. C	613. B	614. B	615. B
616. A	617. A	618. C	619. B	620. B
621. A	622. A	623. C	624. A	625. D
626. B	627. C	628. A	629. B	630. A
631. D	632. D	633. A	634. B	635. C
636. B	637. A	638. D	639. C	640. C
641. D	642. B	643. B	644. B	645. A
646. D	647. A	648. A	649. B	650. C
651. A	652. A	653. D	654. D	655. A
656. A	657. B	658. D	659. A	660. A
661. A	662. B	663. C	664. D	665. B
666. A	667. C	668. C	669. D	670. B
671. B	672. A	673. A	674. D	675. B
676. A	677. C	678.B	679. B	680. C
681. A	682. D	683. B	684. C	685.B

686.B	687.A	688.C	689.B	690. B
691. C	692. A	693. B	694.A	695. C
696. D	697.A	698.B	699.B	700.C

◎多选题

1. ABC	2. ABCD	3. ABCD	4. ABD	5. AC
6. BC	7. ABCD	8. ABC	9. ABCD	10. AB
11. ABCD	12. ABCD	13. ABC	14. ABCD	15. BC
16. AB	17. ABC	18. ABCD	19. ABCD	20. BD
21. ABCD	22. ABCD	23. ABC	24. ABCD	25. ABCD
26. ABCD	27. BC	28. AD	29. ABCD	30. ABC
31. AD	32. BC	33. ABC	34. AB	35. AB
36. AB	37. ABC	38. ACD	39. ABC	40. ABCD
41. ABCD	42. ABCD	43. AC	44. ABC	45. ABCD
46. ABCD	47. ABC	48. ABCD	49. BCD	50. ABCD
51. ABCD	52. ABCD	53. ABC	54. BC	55. ACD
56. ABCD	57. ABCD	58. ABCD	59. ABC	60. ABC
61. ABC	62. AB	63. AD	64. ABCD	65. ABC
66. ABCD	67. ABCD	68. AC	69. ABC	70. ABC
71. ABD	72. ABC	73. ABCD	74. ABCD	75. BCD
76. BC	77. AB	78. ABC	79. ABCDE	80. ACD
81. ABCD	82. AB	83. AD	84. ABD	85. ACD
86. AB	87. ABCD	88. CD	89. AB	90. AC
91. CD	92. ABC	93. ABCD	94. AB	95. ABC

96. ABCD	97. AB	98. ABC	99. ABCD	100. ABCDE
101. ABCDE	102. BC	103. BD	104. ABCD	105. ABCD
106. BD	107. BD	108. ABC	109. AB	110. ABC
111. ABCD	112. CD	113. BCD	114. ABCD	115. ABCD
116. ABC	117. ABC	118. BCD	119. AC	120. ABC
121. ACD	122. ABC	123. ABCD	124. AB	125. ABCD
126. BC	127. ACD	128. CD	129. BD	130. ABCD
131. CD	132. ABC	133. ABCD	134. AB	135. ABCD
136. ABCD	137. AC	138. BC	139. ABC	140. AD
141. ABC	142. ABC	143. AC	144. BC	145. CD
146. BCD	147. ABC	148. AC	149. BCD	150. ABCD
151. BD	152. ABD	153. BD	154. ABD	155. ABCDE
156. AC	157. AB	158. ABCD	159. ABCD	160. AC
161. AB	162. AB	163. BCD	164. BC	165. ABCD
166. BC	167. ABCD	168. ABC	169. ABCD	170. AD
171. AB	172. ABCD	173. ABC	174. ABCD	175. BC
176. BC	177. AB	178. ABCD	179. ABCD	180. ABCD
181. ABCD	182. BCD	183. ABC	184. AB	185. ABCD
186. BCD	187. ABC	188. AB	189. ABCD	190. AC
191. ABC	192. ABC	193. ABC	194. AC	195. AC
196. AC	197. BD	198. CD	199. ABCD	200. ABCD
201. ABCD	202. ABCD	203. BCD	204. AC	205. ABC
206. BD	207. AB	208. ABCD	209. AC	210. ABC
211. ABCD	212. AB	213. ABCD	214. AB	215. ACD

216. ABC	217. AC	218. ABCD	219. ABD	220. ABCD
221. ABCDEFG	222. AB	223. ABC	224. ABC	225. ABD
226. ABD	227. ABC	228. BD	229. AC	230. ABCD
231. BC	232. ABC	233. AD	234. ABCD	235. AB
236. AC	237. ABC	238. AB	239. BC	240. ABC
241. ABC	242. BD	243. ABCD	244. BCD	245. ABCD
246. ABCD	247. BC	248. ABC	249. AB	250. ABCD
251. AC	252. ABC	253. AB	254. BCD	255. ABCD
256. BC	257. ABC	258. ABD	259. CD	260. AC
261. ABCD	262. BD	263. ABCD	264. BCD	265. ABCD
266. ABCDE	267. ABCDE	268. ABC	269. ABCDE	270. ABC
271. AB	272. AB	273. ABCD	274. BD	275. BC
276. BC	277. CD	278. ABCD	279. ABC	280. ABC
281. ABC	282. ABCD	283. BC	284. BC	285. AB
286. ABC	287. ABC	288. BCD	289. AB	290. ABCD
291. ABC	292. ABD	293.ABCDE	294.ABCD	295. AC
296.ABCD	297.ACD	298. BCD	299.ABD	300.ABCD